Wenzel Lohff

Argumente der Zuversicht

Kreuz Verlag Stuttgart · Berlin

CIP-Kurztitelaufnahme der Deutschen Bibliothek

Lohff, Wenzel:

Argumente der Zuversicht / Wenzel Lohff. –
1. Aufl. – Stuttgart, Berlin : Kreuz-Verlag,
1980.
ISBN 3-7831-0612-5

1. Auflage

Gestaltung: Hans Hug
Titelfoto: Wolfgang Klein
Gesamtherstellung: W. Röck, Weinsberg
ISBN 3 7831 0612 5

Inhalt

Einleitung

Warum Beschäftigung mit den Zehn Geboten?

Die Zehn Gebote leuchten auch dort ein, wo christlicher Glaube nicht mehr selbstverständlich ist. Wir brauchen keine Glaubensvoraussetzungen, um uns ernsthaft mit den Geboten zu befassen. In den Forderungen, die dort gestellt werden, sind Christen und Nicht-Christen weithin einig. Ja es gibt so etwas wie eine »Biologie der Zehn Gebote«, wie das bekannte Buch eines Verhaltensforschers zeigt.

Die Zehn Gebote sind mehr als Zäune der Moral. Als solche werden sie weithin verstanden, weil sie herkömmlich als Verbote gefaßt sind: »Du sollst nicht . . .« Aber genau besehen erweisen sie sich eher als Warntafeln, die zeigen, wo der riskante Weg des Menschen ins Bodenlose führt. Das Verbot, sich selbst zu schädigen, reglementiert das Leben gerade nicht, sondern gibt Raum zur freien Entfaltung.

Die Zehn Gebote zeigen Grunderfahrungen menschlicher Gemeinschaft. Man hat sie deshalb seit alter Zeit als »Naturge-

setz« oder »Naturrecht« verstanden, das menschlicher Vernunft allgemein einleuchtet. Je schwieriger heute die Frage wird, wie die Gesellschaft über die »Grundwerte« einig werden kann, die ihre Zukunft sichern, desto eher wendet sich der Blick hin zu den »Grunderfahrungen« der Gebote.

Die Gebote lehren eine Art Krisenmanagement in den Risiken des Lebens. Nicht nur die Gemeinschaft, auch der einzelne steht von der Kindheit an vor dem ständigen Risiko, daß das Leben mißlingt. Weil heute nicht mehr selbstverständlich ist, was »man tut« nach Herkommen und Sitte, darum sehen wir deutlicher, wie der Lebensweg aus einer Folge von Lebenskrisen besteht, die wir bewältigen müssen. Was dazu notwendig ist, sind Maßstäbe und Anleitungen, mit unseren Krisen umzugehen. In diesem Interesse befragen wir die Zehn Gebote als ein »Grundwissen der Menschheit«.

Einübung in Lebensmut – das Vaterunser

Eine Befragung amerikanischer Studenten vor einiger Zeit ergab, daß kaum 60 Prozent eine klare Gottesvorstellung hatten, 86 Prozent aber beteten. Dieses erstaunliche Ergebnis weist darauf hin, daß es beim Gebet um etwas sehr Grundsätzliches im menschlichen Leben geht, das auch dort noch die Menschen bewegt, wo nicht christlicher Glaube und kirchliche Praxis das Weltbild bestimmen.

Wer sein Leben meistern will, muß vor allem wissen, was er will. Viele wissen es nicht oder sind in sich gespalten. Unsere Zeit hat viele Vorurteile beseitigt, macht die Erfüllung vieler Lebenswünsche leichter. Nicht leichter dagegen scheint es zu werden, daß man wirklich weiß, was man will. Zu zahlreich sind die Lebensangebote, die Zeitung und Fernsehen, vor allem aber die Werbung heute machen. Sie zeigen uns immer mehr, als wir erreichen, ja auch nur wünschen können.

Dabei ist es wichtig, zwischen vordergründigen Wünschen und wirklichen Bedürfnissen zu unterscheiden. Von Kind an lernen wir heute, unsere Wünsche zu äußern. Was wir nicht in gleichem Maße lernen können, ist dies, zu wissen, ob die Erfüllung unserer Wünsche wirklich das Rechte für uns ist. Dazu bedarf es der Fähigkeit zu unterscheiden: zwischen augenblicklichen, oft übernommenen Wünschen und dem, was wir wirklich zum Gelingen unseres Lebens brauchen. Aber wie ist das zu lernen?

Gebet ist die Aufforderung dazu, uns ohne Scheu zu unseren wirklichen Bedürfnissen zu bekennen, sie zu finden und auszusprechen. Wer ein Stoßgebet ausspricht: »O Gott, hilf mir« – weiß in diesem Augenblick, was seine Not ist. Insofern lehrt Not beten. Krisen und Schmerzen machen uns am ehesten aufmerksam auf das, was wir zum Leben wirklich brauchen und nicht nur im Überfluß des Augenblicks wünschen. Wer sein Leben auf Interessen und Ziele ausrichten will, wird solche Erfahrungen ausnützen und die Suche nach dem Nötigen konsequent betreiben.

Das Vaterunser ist das große Modell freimütiger Äußerungen unserer Lebensinteressen. Es ist das Gebet Jesu, die Summe der Grundbedürfnisse eines mit leidenschaftlichem Interesse gelebten Lebens. Darum ist es das Beispiel, an dem bis heute die Interessen des Lebens gefunden, der Mut, sie zu ergreifen und auszusprechen, gelernt werden können.

Das Glaubensbekenntnis ist die Grundlage der Kirche

Von den Anfängen des Neuen Testaments bis zum heutigen Gottesdienst wird in zusammenfassender Form im Bekenntnis ausgesprochen, was Christen zu Christen macht. Der Name »Apostolisches Glaubensbekenntnis« soll anzeigen, daß es auf die älteste Zeit der Apostel zurückgeht. Ursprünglich war es ein Taufbekenntnis, das heißt ein Bekenntnis, das derjenige aussprach, der Christ wurde und sich taufen ließ.

Der Glaubende entscheidet sich für eine bestimmte Weise, menschlich zu leben. Die Alten nannten das Glaubensbekenntnis das »Symbol«. Symbol war die Bezeichnung für den Fahneneid des Soldaten. Das zeigt: Im Glauben geht es nicht um eine Vorschrift für das Denken, die abweichendes Denken verbietet. Es geht vielmehr um eine Zusammenfassung der Überzeugung und des Vertrauens, das den Christen bestimmt. In heidnischer Umwelt unterschied sich diese Weise der Menschlichkeit deutlicher als heute: Es geht um ein Leben im Glauben an den einen Gott und die Macht der Versöhnung – nicht in abergläubischer Scheu vor vielen Göttern und Mächten –, um ein Leben in der Gewißheit der Liebe und nicht in Selbstgerechtigkeit oder Furcht vor dem Schicksal.

Hilfe oder Hindernis für den Glauben? Seit 200 Jahren wird darum gestritten, ob eine Reihe von »Glaubenssätzen« das christliche Leben wirklich bestimmen kann, oder ob Glaubenssätze nicht vielmehr dazu verführen, Christentum und Glauben in der Beschränkung des Denkens statt im rechten Verhalten zu finden. Wir meinen: Dieser Gegensatz ist falsch. Die Frage lautet doch für die meisten Menschen heute: Wie gewinnt man Vertrauen, eine Überzeugung, die trägt und sich bewährt in den Wechselfällen des Lebens? Ohne einen solchen Glauben läuft das Leben auch heute nicht ab.

Wie kann menschliches Leben gelingen? Nicht erst die moderne Psychologie, sondern schon die Kirchenväter wußten, daß der Mensch von Trieben beherrscht wird, denen er die Vernunft mühsam abringt. Gelingen kann dieses Leben nur durch eine Menschlichkeit, die jedem Menschen seine Luft zu atmen und sein Recht auf den eigenen Platz in dieser Welt gewährt. Wie kann solche Menschlichkeit entstehen? Gewiß nicht durch eine Sammlung von Lehrsätzen. Für den Christen entsteht sie durch eine Person: Jesus. Wo Menschen gemeinsam an Jesus leben lernen, entsteht ein Bekenntnis, entstehen Sätze darüber. Auch wenn das christliche Glaubensbekenntnis vor allem von der Person Christi spricht, enthält es solche Aussagen über den Weg des Menschen, ohne deren Bejahung auch heute Leben nicht gelingt.

Wegweiser zum Leben

Die Zehn Gebote

Lebensziele gewinnen

Das Erste Gebot:

Ich bin der Herr, dein Gott,
du sollst nicht andere Götter haben
neben mir.

Was ist das?

Wir sollen Gott über alle Dinge fürchten,
lieben und vertrauen.

I. Die Fragestellung

Gibt es einen Gott? Der Streit um diese Frage währt seit Jahrhunderten. Von einem Christen darf man erwarten, daß er diese Frage bejaht. Dennoch darf er die Antwort nicht einfach für selbstverständlich halten, ohne seine eigene Erfahrung und die anderer Menschen ernsthaft zu befragen, ob und wie man recht von Gott reden kann. Denn wenn sein Reden von Gott Sinn haben soll, dann muß Gott ja mehr sein als unsereiner; dann begegnet er uns zum Beispiel in Form eines Gebotes, dem man gehorchen soll: »Ich bin der Herr, dein Gott, du sollst nicht andere Götter haben neben mir.«

Wie gesagt, der Streit darüber, ob es jemand gibt, der mit Recht solche Forderungen erheben kann, währt seit langem. Sonderbarerweise ähneln sich die Argumente bei Anhängern und Bestreitern Gottes.

»Es muß einen Gott geben!«, sagen die einen, weil der Mensch unvollkommen ist. Ja, aus der Unvollkommenheit, die wir an uns erfahren, macht man so etwas wie »Gottesbeweise«. Wenn der Mensch unvollkommen ist – wie kann er so etwas wie einen vollkommenen Gott überhaupt denken? Das geht doch nur dann, wenn es dies Vollkommene, auf das der Mensch von sich aus nicht kommen kann, wirklich gibt! Oder: In der Natur, in einer Kornähre oder in einem Bienenstaat, entdecken wir eine soviel feinere Ordnung, als menschliche Vernunft sie ersinnen kann. Da muß es doch eine höchste Intelligenz geben, die das alles geordnet hat: eben Gott.

Sonderbarerweise argumentieren nun aber auch die Bestreiter Gottes mit der Unvollkommenheit des Menschen. »Es gibt keinen Gott!«, so sagen sie. Nur weil der Mensch seine Unvollkommenheit nicht aushalten kann, hat er einen vollkommenen Gott erfunden, wie ein Kind sich den Weihnachtsmann erträumt. Aber diese Erfindung des vollkommenen Gottes ist eine lebensgefährliche Angelegenheit. Der Mensch beruhigt sich damit, Gott werde schon alles recht machen, statt selbst für die Verbesserung seines Lebens zu sorgen. Und die Liebe zu Gott, den man nicht sieht, ist eine herrliche Ausrede, sich der Liebe gegen den Nächsten zu entziehen. Wegen der Freiheit und Unvollkommenheit des Menschen muß man Gott bestreiten.

In einem sind beide sich einig, die Gott beweisen und die Gott bestreiten wollen: Beide erfahren die tiefe Unvollkommenheit, Hilflosigkeit, Gefährdung des Menschen von der Wiege bis zur Bahre. Die meisten Tiere kommen fertig auf die Welt und sind ihrer Umwelt so angepaßt, daß sie eine Chance haben, zu überleben. Das Menschenleben dagegen ist eine endlose Folge von Krisen und Gefährdungen, mit einer dauernden Chance, zu verunglücken, irgendwo auf der Strecke zu bleiben. Der Mensch ist weder mit den nötigen Organen ausgestattet, um in seiner Umwelt ohne Hilfe zu überleben, noch hat er die Instinkte, die ihn ohne weiteres richtig handeln lassen. Er ist eigentümlich schutzlos – wie ein neugeborenes Kind. Und der Erwachsene kann sich das nur verbergen, solange seine künstlich gebaute Welt – Wohnung, Beruf, Ehe – heil bleibt. Weil der Mensch so schutzlos ist, ist er angewiesen auf etwas, das ihn schützt und lebensfähig macht. Und weil die Instinkte ihm nicht helfen, sich zu orientieren, mit dem Chaos seiner Eindrücke und Antriebe fertig zu werden, darum braucht er Ziele. *Lebensziele gewinnen* – ohne diese Leistung kann der Mensch seinen Lebensweg gar nicht beginnen. Lauten die ersten Lebensziele eines Kindes vielleicht: brav aufessen, folgsam sein; so lauten sie später normalerweise: fleißig lernen, selbständig denken, einen Beruf ergreifen, für eine Familie sorgen. Nur durch diese Ziele gewinnt das Leben einen Zusammenhalt. Gibt es aber nun *ein* Ziel, das diesen verschiedenen Aufgaben und Zielen Zusammenhang schenkt, so daß das Leben mit seinen verschiedenen Stationen wirklich wieder *ein* Menschenleben wird? Jedenfalls kann es Ziele im Leben geben, denen wir alles andere unterordnen, weil sie uns das Wichtigste sind: Wohlstand, beruflicher Erfolg oder auch die Liebe zu einem anderen Menschen.

Hier nähern wir uns erneut der Gottesfrage: »Woran du nun dein Herz hängst, das ist dein Gott«, sagt Luther in seiner Erklärung zum Ersten Gebot. Gott, das ist diejenige Erfahrung, dasjenige Ziel, dem wir uns hingeben und anvertrauen, wenn unser Leben einen Zusammenhang, eine Ordnung bekommen soll, wenn wir die Krisen menschlichen Daseins bewältigen wollen. Damit nähern wir uns auch den Antworten auf die Gottesfrage. Wenn es einen Gott gibt, dann ist er den unvollkommenen menschlichen Kräften nicht erkennbar. Denn unser Bewußtsein, selbst Teil des organischen Prozesses, ist konstitutionell nicht in der Lage, diesen Prozeß zu durchschauen. Wohl aber brauchen wir eine Ordnung und ein Ziel, wenn wir überhaupt leben können wollen. Solche Ordnungsmächte und -ziele haben die Menschen seit Urzeiten als Götter verehrt – oft in sehr merkwürdiger Gestalt: als starke Tiere, wenn die Ordnungsmacht in der Stärke zum Überleben liegt. Oder man verehrte, wie die Bibel erzählt, aufgerichtete Steine oder Holzsäulen, wenn die Macht derjenige hat, der im Kampf stehen bleibt. Gottheiten wurden auch die lebenspendenden Naturgewalten: die Sonne oder der Regen oder die Fruchtbarkeit oder die Sexualität oder – merkwürdig lebendig bis heute – die Sterne. Denn von ihnen hängt das natürliche Leben ab. Gottheiten wurden schließlich die Mächte des Staates, der Stadt, der

Gesellschaft, der König oder die Idee der Nation, weil sie dem einzelnen Überleben gewähren.

Freilich, alle diese Götter teilen mit den Menschen eigentümliche Schwächen. Sie geben dem einzelnen Halt, aber sie sind doch nicht allumgreifend. Es sind ihrer viele, und darum können sie auch gegeneinander kämpfen. Von allen Kriegen sind die Religionskriege die furchtbarsten. Man tötet sich gegenseitig um der eigenen Götter willen – der Nation, der Ehre, der Idee – und man tötet die unterlegenen Götter mit. Die Geschichte ist voll davon bis in unsere Zeit, ob wir nun an China, Brasilien oder Nordirland denken.

II. Zur Betrachtung

Von all diesen Erfahrungen merkwürdig abgesetzt ist der Gott, dessen Gebote wir hier bedenken wollen, der Gott Israels und der Bibel, dessen Erstes Gebot lautet: »Ich bin der Herr, dein Gott, du sollst keine anderen Götter neben mir haben.« Die Zehn Gebote, von denen wir sprechen, finden sich auch wohl bei vielen anderen Völkern in ähnlicher Reihenfolge und Anordnung. Verhaltensforscher haben gezeigt, daß diese Gebote zum größten Teil sogar auf elementaren biologischen Notwendigkeiten beruhen; sie sind gewissermaßen in der Schöpfung mitgegeben. Aber dieses eifersüchtig klingende Erste Gebot: »Ich, der Herr, kein anderer!« ist einmalig. Es bedeutet nicht eine besondere Herrschsucht und Unduldsamkeit dieses Gottes. Das Erste Gebot zeigt vielmehr, daß hier eine Lebensmacht und eine Bestimmung des Menschen spricht, die mit all den anderen Göttern unvergleichbar ist und sich deshalb nicht mit ihnen zusammenfassen läßt als eines unter vielen.

Warum ist das so? Das zeigt sich anschaulich, wenn wir uns der biblischen Geschichte zuwenden, die von der Gabe der Zehn Gebote berichtet, dem Bund des Mose am Berge Sinai (2. Mose 19 ff.). Die Nomadenstämme, die sich Israel nennen, sind aus der Knechtschaft im Kulturland Ägypten entflohen. Durch ein Wunder sind sie den ägyptischen Verfolgern durch das Rote

Meer entkommen, während das Heer des Pharao darin ertrinkt. Aber diese Befreiung, der »Exodus«, den man heute so gern verherrlicht, ist keineswegs die Lösung ihrer Not. Im Gegenteil, jetzt fangen die Probleme erst an. Man ist in der Wüste. Wüste heißt Weglosigkeit, Unfruchtbarkeit, Gefahr, sich zu verirren, Gefahr, zu verhungern. In dieser Situation empfängt Mose die Stimme: Ich bin der Herr, dein Gott, du sollst keine anderen Götter neben mir haben. Alle anderen helfen dir hier nichts. Die Geborgenheit des Staates und der politischen Ordnung hast du verlassen. Die Mächte der Fruchtbarkeit sind in der Wüste machtlos. Was hilft dir da? Einzig jemand, der dich *führt* in dieser Welt und dessen Führung du in den Geboten zum Leben auch Stück für Stück greifbar erfahren kannst. Der Führungsgott, das ist der Gott der Zehn Gebote. Er läßt sich nicht wie die anderen Götter auf bestimmte Wirkungen festlegen: Fruchtbarkeit oder Ordnung. Deshalb freilich ist er auch nicht wie die anderen Götter selbst nur ein Teil der Welt, in ihren Kampf und Streit verwickelt. Er ist das Gegenüber nicht zu einem bestimmten Bedürfnis, sondern zu der unendlichen Bedürftigkeit des Menschen. Was es bedeutet, einen solchen Gott anzunehmen und zu haben, dafür bietet die Bibel ein unendlich reiches Bilderbuch, aus dem wir hier nur weniges erwähnen können.

Der Bericht vom Erlaß der Zehn Gebote am Sinai klingt wie eine ferne Geschichte. Er ist offensichtlich aber schon in den biblischen Berichten mehr: Er ist ein Bild für den Weg des Menschen überhaupt. Der werdende Mensch bricht aus der Geborgenheit der Kindheit und der kindlichen Abhängigkeit eines Tages aus. Die bewahrenden Mächte wollen ihn festhalten, aber er entkommt ihnen, wenn auch oft nur mit knapper Not wie durchs Meer. Die Tiefenpsychologen wissen davon ein Lied zu singen. Aber damit verliert der Mensch auch die Selbstverständlichkeiten der Kindheit, wo feststeht, was man tut und dafür bekommt. Der Jugendliche von heute erfährt das härter als derjenige früherer Zeiten: Er steht in einer Wüste der Orientierungslosigkeit, preisgegeben an seine oft chaotischen Antriebe und Bedürfnisse einerseits, an gaukelnde Vorspiegelungen von einem besseren Leben andererseits, wo viele Götter auf ihn einreden. Jede Boulevard-Zeitung bringt eine ganze Serie von Beispielen, wie man dabei verunglücken kann. Der erste Schritt aus dieser Grundkrise des Heranwachsenden heraus heißt: *Lebensziele gewinnen.* Nur wenn man eines wählen kann: *eine* Ausbildung, *einen* Beruf, *eine* Frau, fängt die Lebensgeschichte erst wirklich an, entsteht ein Lebensweg, wo vorher nur das krisenhafte Taumeln von einem zum anderen war. Das gilt auch im späteren Leben. Es ist ein verhängnisvoller Irrtum, zu meinen, man könne zwei oder gar mehr Leben leben, wie man sein Kleid wechselt. *Ein* Leben ist uns gegeben und kein anderes neben ihm.

Wie man freilich das rechte Ziel gewinnt, dafür gibt es keine Rezepte. Hier muß jeder selbst in der Wüste seiner Antriebe wie Mose auf die Stimme hören, die ihn ruft: »Ich bin der Herr, dein Gott, du sollst keine anderen Götter neben mir haben.« Nur eines kann man über alle Ziele, die wir wählen und gewinnen müssen, noch sagen. Was immer wir wählen – und wir sollen und müssen wählen! –: Kein Ziel darf das letzte sein. Gott verlangt, daß wir Ziele wählen, um wir selbst zu werden, aber sie sind vorletzte Ziele. Der Gott des Ersten Gebotes erweist sich als Gott gerade darin, daß er mit keinem unserer Ziele identisch ist. Gerade dadurch bewahrt er uns davor, irgendwo auf dem Kurs unseres Lebens auf Sand zu laufen, festsitzen zu bleiben. Er ruft immer neu ins Offene. Denn alle irdischen Ziele sind zu klein für den Menschen, und wo er sich mit ihnen zufriedengibt, machen sie ihn klein. Die Unvollkommenheit, in der wir leben, ist zu groß, als daß sie in irgendeinem der irdischen Ziele aufgehoben werden könnte. So sagt Augustinus: »Du hast uns zu dir geschaffen, und unser Herz ist unruhig, bis es ruht, Gott, in dir.« – Lebensziele gewinnen, damit fängt die Einübung des Ersten Gebotes an. Lebensziele überschreiten können um des *einen* Zieles willen jenseits unseres Lebens, damit endet sie. Denn nur da gibt es die Geborgenheit wieder, die wir als Kinder verlassen mußten.

III. Hinweise

1. Woran hängt unser Leben und unser Herz wirklich, welche Lebensziele haben wir? Es können Menschen, Orte, Werte sein. Dabei ist es hilfreich, sich die Orte und Stationen anschaulich vor Augen zu führen, die wir in unserem Leben durchmessen haben. Auch ist es gut, aus den verschiedenen Gebieten solche Ziele auf einen Zettel zu schreiben. Welche Menschen, Orte, Werte haben mich bestimmt? Stehen sie untereinander in Verbindung? Welche Wirkungen haben sie auf mich ausgeübt?

2. Wir sollten uns erinnern, welche Holzwege, Verirrungen, Orientierungslosigkeiten wir erlebt, wie wir sie durch Lebensziele und Entschlüsse überwunden haben. Haben wir uns an Normen und Vorschriften gerieben, weil der Weg, den sie wiesen, uns zu eng schien? Oder haben sie uns als Warntafeln gedient, wo unser Weg ins Bodenlose geführt hätte?

3. Wir sollten überlegen, wo wir auf unserem Lebensweg in Krisen geraten sind, wo wir aus der reglementierten Ordnung unseres Lebens geworfen wurden oder uns selber warfen, wo Ziele und Stabilisatoren ihre Wirkkraft verloren. Auch dies kann man am besten, indem man es notiert. Etwa in zwei Spalten: In die eine notieren wir, was wir aufgeben mußten oder aufgegeben haben, in die andere, was an deren Stelle trat. Ist der Horizont unseres Lebens enger oder weiter geworden?

Leben ohne Selbstbetrug

Das Zweite Gebot:

Du sollst den Namen des Herrn,
deines Gottes, nicht unnützlich führen;
denn der Herr wird den nicht ungestraft lassen,
der seinen Namen mißbraucht.

Was ist das?

Wir sollen Gott fürchten und lieben,
daß wir bei seinem Namen nicht fluchen,
schwören, zaubern, lügen oder trügen,
sondern denselben in allen Nöten anrufen,
beten, loben und danken.

I. Die Fragestellung

Hinter jedem Gebot, mit dem wir uns beschäftigen, steht die Frage: Gibt es eine Autorität, die uns überhaupt gebieten kann? Gibt es einen Gott? Sie hat uns beim Ersten Gebot beschäftigt. Und wir machten die merkwürdige Beobachtung, daß beide, diejenigen, die hier mit ja antworten, und diejenigen, die mit nein antworten, jedesmal die Unvollkommenheit des Menschen als Beweis für oder gegen Gott ins Feld führten. Weil der Mensch unvollkommen und krisengeschüttelt ist, darum braucht er einen Gott, sagen die einen. Weil der Mensch unvollkommen ist, darum ist die Illusion eines vollkommenen Gottes das gefährlichste Spielzeug, das er haben kann, sagen die anderen. Freilich, in einem besteht Einigkeit: Ziele oder auch ein Ziel braucht der Mensch, etwas, woran er sein Herz hängen kann. Ohne das kann er gar nicht leben. Wie solch ein Ziel jedoch aussehen soll, ob wir es *Gott* nennen dürfen, das sind schwierige Fragen, die uns weiter beschäftigen müssen.

Auf die Grundfrage zu allen Geboten: Gibt es einen Gott? ist aber auch eine banalere und vordergründigere Antwort möglich. Natürlich gibt es einen Gott, können wir antworten, denn wir führen ihn ja ständig im Munde. – »Herrgott« entfährt es uns, wenn wir ungeduldig werden. »Mein Gott« sagen wir, wenn wir überrascht sind. »Um Gottes willen« sprechen wir, wenn wir erschrecken, und »Ach Gott« oder »O Gott« rufen wir aus, wenn uns etwas bedrückt. So reden auch Leute, die keineswegs christlich oder auch nur gläubig sind. Gott gibt es jedenfalls in unserer Umgangssprache, als »Gott der Redensarten«.

Nun könnte jemand diesen Schluß – man redet von Gott, also gibt es ihn – für einen billigen Trick halten. Aber so einfach ist die Sache nicht. Alle diese Redewendungen, die wir erwähnten, sind nämlich keineswegs so ganz harmlos, mögen sie auch gedankenlos gesagt werden. In allen, ob uns nun ein »Herrgott« oder ein »Ach Gott« entfährt, steckt eine bestimmte *Betroffenheit* in unserem Inneren. Betroffenheit wovon? Von etwas Überraschendem (Mein Gott!) oder von etwas Schicksalhaftem (O Gott!) oder von etwas, was uns belästigt (Herrgott!) – jedenfalls von etwas, worüber wir nicht Herr sind, was uns unverfügbar ist. Dies aber, was uns in unserem Leben nicht absolut Herr sein läßt, sondern unverfügbar bleibt, das ist ein Schaffen dessen, was der Glaube als Gott anerkennt. Insofern sind die Redensarten klüger, als die Leute ahnen, die sie gebrauchen.

Trotzdem werden wir sagen, daß dieser Gebrauch des Gottesnamens, den viele von uns alltäglich üben, ein Mißbrauch ist. Denn wenn die Macht, die wir Gott nennen, über unserem Leben und Willen steht, dann ist es unangemessen, sie bei jeder Ungelegenheit wie einen Diener herbeizurufen oder an ihr seinen Zorn auszulassen, wie ein Kind es tut, wenn es seine Puppe prügelt. »Du sollst den Namen deines Gottes nicht mißbrauchen«, dieses Zweite Gebot ist eine elementare Anweisung, klug mit dem Leben, seinen Rätseln und Abgründen umzugehen. Es verlangt in einer sehr grundsätzlichen Weise ein *Leben ohne Selbstbetrug*. Das gedankenlose Reden von Gott ist offenbar eine sehr äußerliche, weitverbreitete Form solchen Selbstbetrugs. Man redet gedankenlos und selbstvergessen von etwas, das uns sehr wohl außerordentlich viel angeht: *das Unverfügbare* in unserem Leben, unser Geschick.

Freilich, es gibt sehr viel gewichtigere Formen solchen Mißbrauchs und Selbstbetruges. Denken wir noch einmal an Luthers Grundsatz: Woran du nun dein Herz hängst, das ist dein Gott. In diesem Sinne kommt niemand ohne Gott aus, ohne etwas, worauf er sich verläßt, ohne Ziele, die seinem Leben erst Richtung geben. Die eigentliche Schwierigkeit besteht aber darin, zu sagen, was denn nun das rechte Ziel ist, worauf man sich nun verlassen kann. Das ist eine Schwierigkeit auch für den Glauben, sonst brauchten wir nicht immer wieder Vergewisserung durch das gepredigte Wort. Aus dieser Schwierigkeit aber erwächst noch eine zweite: daß der Mensch Halt, Schutz und Ziele braucht, das ist eine Schwäche, die man herrlich ausnützen kann. Dies haben die Religionskritiker richtig beobachtet. Ausnützen kann man sie, indem man dem Menschen einen bestimmten Halt, bestimmten Schutz, bestimmte Ziele verkauft und seinen Nutzen daraus zieht. Wenn man dem Menschen solche Götter verkaufen kann, dann hat man ihn in der Hand, dann kann man ihn *bezaubern* wie im Märchen. Dann meint er Gott zu gewinnen mit seinen Zielen, und in Wirklichkeit verliert er ihn. Solchen Zauber mit Gott müssen nicht nur die »geheimen Verführer« treiben, den gleichen Betrug können wir auch selbst betreiben, wenn wir in unsere Ziele so verliebt sind, daß wir sie für das letzte halten.

II. Zur Betrachtung

Wir können dies wiederum veranschaulichen, wenn wir an die biblische Geschichte denken, die vom Erlaß der Zehn Gebote erzählt. Sie berichtet vom Auszug aus der Geborgenheit, vom Zug in die Wüste, in die Weg- und Orientierungslosigkeit, die wir als Bild für die Krisenhaftigkeit des menschlichen Lebens überhaupt angesehen haben. Was in der Unübersehbarkeit der Antriebe Ordnung und Überleben ermöglicht, sind allein Gebote, sind Ziele, die unserem Leben Zusammenhalt gewähren. So verstanden wir das Erste Gebot: »Ich bin der Herr, dein Gott, du sollst keine anderen Götter neben mir haben.« Aber wie schwer es ist, diesen Gott wirklich zu begreifen, zeigt sogleich der Fortgang der Geschichte: die Erzählung vom Goldenen Kalb.

Solange das Volk Israel die Stimme Gottes hört, ist alles gut. Aber wenn sie nun verstummt ist, scheint alles wie früher: Kein Mose ist da, kein Gott, nur Wüste. Was tun? Es liegt so nahe, was von den Kindern Israel erzählt wird: Aaron, der Bruder des Mose, weiß Rat. Alle Wertgegenstände, die sie besitzen, allen Schmuck, alles Gold und Silber tragen sie zusammen und machen daraus ein gegossenes Götterbild, einen goldenen Stier als Sinnbild der Stärke und Fruchtbarkeit. Als dieses Bild fertig ist und man in der Wüste wieder eine Orientierung hat, ist die Erleichterung so groß, daß man feiern muß: »Das ist dein Gott, Israel«, nun kannst du ihn sehen, alle deine Werte hast du dafür zum Opfer gegeben. »Danach setzte sich das Volk, zu essen und zu trinken, und standen auf, zu spielen« (2. Mose 32, 6).

Man versteht diese Geschichte erst, wenn man begreift, daß es hier nicht um etwas wie ein Götzenbild geht, mit dem man von dem Gott der Gebote abfällt – etwa zu einer primitiven Tierreligion zurückkehrt. Nein, der goldene Stier ist das Sinnbild des Gottes, der aus Ägyptenland geführt hat, der die Gebote gibt. Nicht irgendeine heidnische Naturmacht, sondern die Macht, die die rechte Ordnung, das rechte Ziel ins Leben bringen soll, eben Gott, nicht ein Götze, *den* will man in Gestalt dieses Bildes vor sich hertragen. Aber das ist ein Mißbrauch Gottes und zieht gleich eine Katastrophe nach sich, wie wir aus der Erzählung wissen. Aber wiederum geschieht diese Katastrophe nicht, weil der Gott, der am Sinai gesprochen hat, so herrisch und unduldsam wäre, sondern weil ein Gottesglaube, der als Lebensziel ein festes, ein gegossenes Bild hat, nicht zur Ordnung des Lebens, sondern erst recht ins Verderben führt. Das ist noch schlimmer als das primitive Heidentum, denn ein einziger falscher Gott ist noch schlechter als viele falsche Götter. Wenn unser Gottesbild zu einem festen »gegossenen Bild«

wird, dann trennt es uns von dem lebendigen Gott, der immer weiterführt, dann sperrt es uns ein in das Gefängnis unserer eigenen kleinen Gedanken, und mögen sie noch so fromm sein. Dem wehrt das Zweite Gebot!

Ursprünglich hat dieses Gebot überhaupt jede Abbildung Gottes verboten: »Du sollst dir kein Bildnis noch irgendein Gleichnis machen« (2. Mose 20, 4). So halten es Juden und Mohammedaner noch heute. Die christliche Kirche hat in einem jahrhundertelangen Streit klargestellt, daß *alle Bilder* auf den lebendigen Gott *nur hinweisen* und deshalb den Glauben nicht gefährden müssen. Darum zählen wir das Bilderverbot nicht mehr unter die Zehn Gebote, darum haben wir Bilder auf unseren Altären. – Geblieben ist das Wichtigste am Zweiten Gebot: Du sollst den Namen deines Gottes nicht mißbrauchen. »Namen«, das bedeutet hier die Heilsmacht Gottes. Wer den Namen kennt, für den hat Gott ein Gesicht, der kann Gott anrufen, der hat Zugang zu Gott. Um so mehr kommt es darauf an, diesen Namen Gottes, sein Gesicht, nicht falsch zu beschreiben, um ihn nicht zu mißbrauchen. Wie geschieht das?

Die biblische Geschichte vom Goldenen Kalb ist wiederum von unserer eigenen Situation nicht so fern, wie es scheint. Sie zeigt, wie man sich den lebendigen Gott vorstellen und sich zugleich um sein Lebensziel betrügen kann, indem man Gott mit dem Wertvollsten, was man hat, einfach identifiziert. Das kann, wie in der biblischen Erzählung, Geld und Gut sein. Der »Tanz ums Goldene Kalb«, von dem wir sprechen, ist sicher die häufigste Form des falschen Gottesdienstes, vielleicht sogar in der Kirche. Es kann aber zugleich eine ganze Fülle anderer Dinge oder Ideen oder Vorstellungen geben, mit denen wir uns um das rechte Leben betrügen, gerade weil wir meinen, daß sie uns das Lebensziel recht benennen. Und meist steht dahinter der Wille, den lebendigen Gott doch ein klein wenig in die Hand zu bekommen, mit ihm, mit seinem Namen etwas zu *bewirken:* den rechten Weg ins gelobte Land, die neue Gesellschaft oder nur das bessere Leben, das größere Gefühl der Sicherheit in der Wüste des Lebens. In der gegenwärtigen Welt gibt es vor allem *zwei Formen,* auf diese Weise den Namen Gottes zu mißbrauchen. Die primitivere umgibt uns überall und besteht darin, das rechte Leben in einer *Ware* anzupreisen. Jede Werbung hat etwas davon, wenn auch sicher nicht jede Werbung als Übertretung des Zweiten Gebotes bezeichnet werden kann. Aber wenn bei der Werbung für ein Waschmittel das Gewissen einer Hausfrau leibhaft auftritt und sie bedroht oder lobt, weil sie nur beim Gebrauch dieses Mittels ihre Familie recht versorgt, dann wird mit der Hoffnung auf das rechte Leben bereits gespielt. Wenn wir auf dergleichen aufmerksam werden, sehen wir, wie oft »Lebenserfüllung« in der Werbung angepriesen wird: in der rechten Versicherung, der rechten Bausparkasse, dem rechten Kognak, dem rechten Deodorant. Selbstbetrug wird demjenigen verkauft, der das für bare Münze nimmt.

Die feinere Form der Übertretung des Zweiten Gebotes besteht darin, den Namen, den Titel des Göttlichen für eine *Idee* in Anspruch zu nehmen: »Du bist nichts, dein Volk ist alles« oder »Klassenkampf ist das Ziel, das allein den Einsatz des Lebens lohnt« – eine Fülle solcher Versuche umgibt uns. Ja selbst ein fanatischer Glaube kann zu einem Mißbrauch des Namen Gottes werden, wenn wir seine Lehrsätze verwechseln mit dem, dem sie gelten: dem lebendigen Gott. In allen Fällen versuchen wir, mit dem Namen Gottes etwas zu bewirken, irgendeinen Zweck zu erreichen, der nicht Gott selbst ist. Mit anderen Worten, wir versuchen zu *zaubern.* Wenn wir meinen, uns durch eine so feste Vorstellung von Gott sichern zu können – »Das sind deine Götter Israel«, da hast du sie ja ganz sicher bei dir –, dann betrügen wir uns selbst, dann verkaufen wir unsere Seele an eine Illusion. Wir sehen dann nicht mehr, daß in der Wüste des menschlichen Lebens nur eines geboten ist: den Weg unter den Geboten weiterzugehen zu dem Gott, den wir nicht in der Hand haben, der uns aber ruft und leitet.

Man mag fragen, ob es denn überhaupt einen Weg gibt, aus diesem Teufelskreis, aus dieser Krise herauszukommen. Gibt es überhaupt eine Möglichkeit, den Namen Gottes *nicht* zu mißbrauchen? Sind wir denn nicht immer auf ein Bild angewiesen? Ich weiß darauf keine andere Antwort als die, die im Zweiten Gebot selbst liegt, wenn man es nicht als *Verbot,* sondern als

Gebot faßt. Du sollst den Namen Gottes recht gebrauchen! Rechter Gebrauch des Namens ist das *Gebet.* Hier sollten diejenigen, denen es schwer wird, zu beten, nicht zu schnell zurückschrecken. Beten, Anrufen des Namens Gottes meint mehr, als wir für gewöhnlich in der geformten persönlichen Anrede im Gottesdienst tun.

Wir können dabei sogar noch einmal auf den Mißbrauch zurückkommen, von dem wir ausgingen: dem Gott der gedankenlosen Redensarten. Wenn diese Ausrufe »O Gott«, »Mein Gott«, »Herr Gott« wirklich ernst gemeint wären, dann wären sie die Urform des Gebetes: die Anerkenntnis, daß in dem Überraschenden, Ängstenden, Unverfügbaren, das wir erfahren, Gott selbst uns in unserem Leben ständig begegnet. Daß wir in dem Überraschenden, dem Unverfügbaren in unserem Leben Gott erkennen, das wäre der Anfang der Erfüllung des Zweiten Gebotes. Das Stoßgebet ist die Urform des Gebetes, alle anderen Formen des Gebetes sind nur entwickelte Weisen dieser Urform. Seine klassische Form aber ist das Gebet von Gethsemane. Jesus bringt sein Leben, seine Ziele und seine Hoffnungen für das Leben vor den lebendigen Gott: »Herr, so du willst, so gehe dieser Kelch an mir vorüber.« Aber er gibt sie zugleich dem lebendigen Gott preis: »Nicht wie ich will, sondern wie du willst.« Das ist eine Erfüllung des Zweiten Gebotes, die *jedem* offensteht, wie stammelnd er auch mit dem Bild und dem Namen Gottes umgehen mag. So werden wir von der Zauberei mit dem Leben erlöst, die uns nur immer neu in den Selbstbetrug führt. »Könnt ich Magie von meinem Pfad entfernen, die Zaubersprüche ganz verlernen!« sagt Faust. »Herr, nicht wie ich will, sondern wie du willst«, antwortet der Glaube in Erfüllung des Zweiten Gebotes.

III. Hinweise

1. Wir sollten unser Sprechen daraufhin ansehen, ob wir darin nicht vielleicht ständig mit Gott umgehen, ohne es zu bemerken: nicht nur in den gedankenlosen Redensarten (»O

Gott«), sondern auch, indem wir eben doch mit etwas Letztem rechnen, woran wir unser Herz hängen.

2. Wir sollten unser Sprechen daraufhin überprüfen, ob wir mit solchen Lebenszielen vielleicht »zaubern« oder spielen, das heißt sie um eines Erfolges willen im Munde führen gegenüber anderen – oder gegenüber uns selbst. Dabei kann es sich um hohe Ideale handeln (»Menschenwürde«, »Freiheit«) oder auch um die Werbung für ein Heilmittel.

3. Die Erfüllung des Zweiten Gebotes beginnt dort, wo wir bereit werden, unser Bild von Gott preiszugeben an den lebendigen Gott: »Nicht wie ich will, sondern wie du willst.«

Fertig werden mit der Zeit

Das Dritte Gebot:

Du sollst den Feiertag heiligen.

Was ist das?

Wir sollen Gott fürchten und lieben,
daß wir die Predigt und sein Wort nicht verachten,
sondern dasselbe heilig halten,
gerne hören und lernen.

I. Die Fragestellung

Im Fernsehen gibt es eine Art von Quiz, von Rätselspielen, da müssen die Teilnehmer bestimmte Fragen in einer bestimmten Zeit beantworten. Oft sieht der Zuschauer einen Sekundenzeiger ins Bild eingeblendet und sieht zugleich die Befragten mit angestrengten Gesichtern sich abmühen, um die richtige Antwort in der abgemessenen Zeit zu finden; und entweder gibt es zuletzt Jubel, oder es heißt: »Leider, leider . . .« – Kaum jemand, der das schon einmal mit angesehen hat, spürt nicht die Spannung, ja den Nervenkitzel, wenn der Sekundenzeiger läuft. Man fühlt sich irgendwie mitbefragt, ja mitbetroffen. Warum wohl? Vielleicht weil diese kleine Szene ein Gleichnis ist für etwas viel Gewichtigeres, was jeden Menschen ganz unmittelbar angeht: Wir alle müssen immerzu fertig werden in einer begrenzten Zeitspanne und schließlich auch *fertig werden mit der begrenzten Zeit.*

Dasselbe Gleichnis des menschlichen Lebens bewegt uns, oft bezwingend und großartig, in Romanen und Biographien, in denen wir miterleben, wie Menschen aufwachsen, sich Ziele setzen, sie erreichen oder verfehlen, bis irgendwann die begrenzte Zeit abbricht. Am ergreifendsten wohl immer noch in Goethes Faust, der durch die Welt rennt, bis es heißt: »Die Uhr steht still – der Zeiger fällt.« Oder es ergreift uns auch bei plötzlichen Todesfällen wie bei der Ermordung eines Politikers oder beim Herztod eines bekannten Schauspielers. Das berührt uns auf eine Weise, die uns ein neues, deutlicheres Gefühl gibt, was *Zeit* eigentlich für uns bedeutet. Nicht eine Maßeinheit wie Kilometer oder Kilogramm oder auch DM, die wir beliebig aneinanderreihen können, sondern etwas, was für jeden von uns in einer ganz einzigartigen Weise *begrenzt* ist – für jeden von uns in einer ganz einzigartigen Weise beginnt und vergeht und unwiederholbar ist.

Die Alten haben davon gewußt und in ihren Liedern davon gesungen: »Ein Tag, der sagt dem andern, mein Leben sei ein Wandern zur großen Ewigkeit« – »Abend und Morgen sind seine Sorgen«. Offenbar ist diese Zuversicht den Menschen unserer Zeit nicht mehr in gleicher Weise möglich. Fertig werden mit der Zeit ist eines der größten Probleme geworden, mit denen wir uns herumzuschlagen haben, ein Motor aller Lebenskrisen. Das hat zunächst sehr einfache Gründe. Mag das Bruttosozialprodukt, mag unser persönliches Einkommen oder der Umkreis der Menschen und Länder, die wir kennenlernen, von Jahr zu Jahr wachsen – *eines* wächst sicher nicht mit, sondern nimmt von Jahr zu Jahr ab: unsere Lebenszeit. Hier müssen wir unter allen Umständen mit immer weniger auskommen. Hier sollen wir *fertig* werden, und das gelingt offenbar immer schwerer. Schon mit der Kindheit werden viele nicht fertig – die Pubertät verlängert sich in den letzten Jahrzehnten fast endlos. Das Phänomen »Jugend«, die vom 15. bis zum 30. Lebensjahr dauert und immer länger, hat es vor einem Jahrhundert kaum gegeben. Jedes Jahr nehmen sich zahlreiche Schulkinder das Leben, weil sie mit einem Klassenziel oder manchmal auch nur bei einer einzigen Arbeit nicht *fertig* werden. So mancher muß in späteren Lebensjahren beim Seelenarzt seine Kindheit nochmals durcharbeiten, um mit ihr *fertig* zu werden. Kaum ist eine Krise bewältigt, zeigt sich eine neue: Ist die berufliche Stellung errungen, beginnen die Probleme des Altwerdens und dann die »Krise der Lebensmitte«, von der man neuerdings viel spricht: der Wunsch, noch einmal neu anfangen zu können usw. Immer neue Aufgaben türmen sich auf, mit denen wir fertig werden sollen, bis die Uhr stillsteht, bis der Zeiger fällt.

Eine düstere Bilanz! Was hat sie mit dem Dritten Gebot zu tun: »Du sollst den Feiertag heiligen«? Beginnen wir mit dem Äußerlichsten. Beide Male handelt es sich um den Gebrauch, den wir von der Zeit machen. Nur daß das Dritte Gebot genau das Gegenteil von dem will, was wir eben sagten. Nicht etwas *tun* mit der Zeit ist hier geboten, sondern etwas *lassen:* »Keine Arbeit sollst du da tun, noch dein Sohn, noch deine Tochter, noch dein Knecht, noch deine Magd, noch dein Vieh, noch dein Fremdling, der in deinen Toren ist« (2. Mose, 20, 10). Feiertag heißt im Dritten Gebot zunächst einmal: *ruhen.* Und im jüdischen Volk wie in manchen christlichen Kirchen wird das so ernst genommen, daß allerhand wunderliche Folgerungen daraus entstehen: Man darf keine Meile gehen, kein Feuer entzünden usw., Dinge, mit denen sich schon Jesus auseinanderzusetzen hat. Die Frage liegt nahe, ob ein derartig radikales Gegenmittel uns in den Krisen, in die uns das Fertigwerdenmüssen mit der Zeit stürzt, überhaupt etwas hilft. Nützt es wirklich etwas, jemandem, der nicht mehr fertig wird, zu gebieten: Leg die Hände in den Schoß? Nehmen wir an, wir würden den Sonntag wieder feiern wie die Puritaner in England oder wie die Juden den Sabbat. Das würde uns in der Bewältigung der Lebenszeit wohl nur wenig helfen – oder?

Das Dritte Gebot sagt: Du sollst den Feiertag *heiligen,* das heißt: Er gehört Gott. Du sollst eine bestimmte Zeit Gott weihen, Gott zurückgeben. Das meint offenbar mehr als bloß passiv sein und ruhen. Es soll wohl zum Ausdruck bringen: Wer immer über diese unsere Lebenszeit verfügt, wir selbst sind es jedenfalls nicht. Damit uns dies deutlich eingeprägt wird, sollen wir ein Stück dieser Zeit, eben den »Feiertag«, heiligen, das heißt opfern, hergeben für den Herrn über die Zeit, wer immer das ist. Schon dieses ganz äußerliche Tun kann uns ein ganz neues Verhältnis zur Zeit und zu den Problemen des Fertigwerdens geben. Es kann uns nämlich bewußt machen, daß letztlich nicht wir die Herren unserer Zeit sind, sondern die Zeit über uns Herr ist; daß es letztlich nicht darauf ankommt, daß wir mit der Zeit fertig werden, sondern daß jemand anderes oder etwas anderes mit uns fertig wird.

II. Zur Betrachtung

Das alles mag vielleicht etwas rätselhaft klingen, obwohl fast jede Art der Meditation mit ähnlichen Anweisungen beginnt. Ich möchte deshalb wiederum eine biblische Erzählung in Erinnerung rufen, auf die dieses Gebot verweist, nämlich die Geschichte von der Erschaffung der Welt in sieben Tagen, die am Anfang der Bibel steht. Ich frage nicht, ob das alles so passiert ist, sondern was wir aus dieser offenbar gleichnishaften Geschichte erfahren.

Da wird berichtet, wie Gott Himmel und Erde schafft, Licht und Finsternis, Land und Wasser scheidet und die Lebewesen erschafft, zuletzt den Menschen als Krone der Schöpfung – alles offenbar eine große sinnvolle Ordnung, die in großen Zügen die Entstehung der Erde beschreibt, so wie sie auch heute noch vorgestellt wird. Und dann heißt es: »Also vollendete Gott am siebenten Tage seine Werke, die er machte, und ruhte am siebenten Tag von allen seinen Werken, die er machte. Und Gott segnete den siebenten Tag und heiligte ihn, darum, daß er an demselben geruht hatte von allen seinen Werken« (1. Mose 2, 2f.). Vielleicht müssen wir noch hinzunehmen, was davor steht: »Und Gott sah an alles, was er gemacht hatte, und siehe da, es war sehr gut« (1. Mose 1, 31). Auf diese Erzählung wird beim Erlaß des Dritten Gebots verwiesen: »Denn in sechs Tagen hat der Herr Himmel und Erde gemacht und das Meer und alles, was darinnen ist, und ruhte am siebenten Tage. Darum segnete der Herr den Sabbattag und heiligte ihn« (2. Mose 20, 11). Was aber, so fragen wir, kann nun diese Geschichte, die offenbar das Dritte Gebot, den Feiertag zu heiligen, begründet, für unsere Fragen und Krisen austragen?

Kann sie vielleicht begriffen werden als ein Grundmodell für das Fertigwerden mit der Zeit? Ich meine ja und möchte das an zwei Beobachtungen zeigen.

Erstens: Der Feiertag verweist auf die Schöpfungsgeschichte. Er macht jedenfalls dies ganz deutlich: »Ich habe mich nicht selbst geschaffen«, ich kann deshalb auch die Bedingungen meiner Zeit, ihren Anfang und ihr Ende, nicht schaffen, und das ist für alle meine Aufgaben und Ziele von außerordentlicher Bedeutung. Ich kann mich nur hineinstellen in den großen *Zusammenhang der Schöpfung,* das Weltgeschehen, das immer schon im Gange ist. Ich habe es nicht angefangen, und ich werde es nicht vollenden, und das, was mit mir geschieht, steht eben in größeren Zusammenhängen, als sie mir selber erkennbar sind. Und dies brauche ich: immer wieder einmal die Hände in den Schoß zu legen, um zu erkennen, daß es nicht auf mich allein ankommt, sondern darauf, daß ich in dem großen Geschehen, das mich umgreift, meinen Platz einnehme. Um es noch einmal zu sagen: Nicht darauf kommt es an, daß ich fertig werde mit der Zeit, sondern daß jemand anderes oder etwas anderes fertig wird mit mir. Das heißt: den »Feiertag heiligen«.

Daraus aber ergibt sich ein Zweites: Wenn ich lerne, nicht alles in eigene Verantwortung zu nehmen, sondern im großen Zusammenhange der Schöpfung, des Weltgeschehens zu sehen, dann muß ich auch den Sinn der Welt und meiner Zeit nicht selber schaffen. Das ist es ja vor allem, was Lebenskrisen hervorruft, daß wir meinen, ein Stück Zeit sei sinnlos vertan worden, wir hätten unsere Ziele nicht erreicht und deshalb unser Leben oder eine Lebensspanne, eine Arbeit, eine Ausbildung, eine Ehe *verfehlt.* Dagegen sagt der Rückblick auf die Schöpfung: Der *Sinn* der Spanne Zeit, in der wir leben, ist allemal vorhanden. Mag es so sein, daß wir zu wenig ausgerichtet, daß wir von zwei Möglichkeiten die schlechtere gewählt haben. Sinnvoll bleibt auch dies im Ganzen der Schöpfung. Es ist nicht so, daß wir den Sinn in der Sinnlosigkeit der Welt erst schaffen müssen. Der Sinn des Ganzen ist vielmehr vorgegeben, auch wo er sich unserer Erkenntnis entzieht. So schlecht wir unser Werk auch tun mögen, im Ganzen der Schöpfung und ihrem Sinn sind wir geborgen mit unserer Zeit. Wir leben und handeln gewissermaßen am »sechsten Tage«. Die Sache ist schon fünf Tage im Gange, wenn wir dazukommen; deswegen können wir nicht alles selbst ausrichten wollen, dazu kommen wir immer schon zu spät. Und andererseits: Was aus unserem Werk am »siebten Tage« wird, braucht uns nicht zu bekümmern; denn Gott wird fertig mit seiner Schöpfung, und deshalb dürfen auch wir ruhen, selbst wenn wir unser Ziel nicht erreichen, selbst wenn wir das Ganze nicht durchschauen. Das heißt, den »Feiertag heiligen«, das hilft uns, fertig zu werden mit der Zeit.

Mag jemand aufstehen und sagen: Wie kann christliche Predigt es wagen, angesichts der Weltprobleme, die uns heute bedrängen, angesichts der schwindenden Zeit, die uns bleibt, die politischen und sozialen Katastrophen in der Welt zu verhindern, solche Ergebung, solche Gelassenheit, solchen Glauben an einen umfassenden Sinn zu verkündigen? Darauf antworten wir zunächst einmal, ohne noch christliche Glaubenssätze zu Hilfe zu nehmen: Wenn die Menschen angesichts des Fragmentarischen ihrer Vernunft, im Verlust ihrer Instinkte, in der Entfesselung ihrer Aggression wirklich den Sinn ihres Lebens wie der Welt *erschaffen* sollten, so wären wir bereits verloren.

Nun vermögen wir offenbar trotzdem zu vertrauen, wir vermögen trotzdem zu lieben und zu hoffen. Das heißt, unser Vertrauen, unser Lieben, unsere Hoffnung lehren uns besser als unser fragmentarisches Wissen, daß diese Schöpfung, dieses Weltgeschehen mehr Sinn enthält, als wir zu fassen vermögen. Nicht *Mangel* an Sinn, sondern *Überfluß* an Sinn ist es, der uns verwirrt. Nur deshalb können wir, was wir immer schon insgeheim tun: an einen guten Ausgang glauben, auf ein gutes Ende hoffen und alle unsere Kräfte dafür einsetzen. Das aber ist der Sinn des Dritten Gebots: Den »Feiertag heiligen« heißt nichts anderes, als auf diesen Ausgang, auf diese gute Vollendung der Schöpfung ausblicken, zu der wir gehören.

III. Hinweise

1. Seit Jesus am Sabbat geheilt hat und erlaubte, das Schaf, das in den Brunnen gefallen war, herauszuziehen, können wir nicht mehr gut an eine gleichsam magische Wirkung des bloßen Nichtstuns glauben. Dennoch, ein anderes ist es: zu *tun* und: mit sich *tun zu lassen.* Ein anderes ist es: fertig zu werden und: mit sich fertig werden zu lassen – und schon darauf kommt es entscheidend an. Wie man dazu kommt, dafür gibt die Bibel noch weitere Hinweise:

2. »Gott sah an alles, was er gemacht hatte, und siehe, es war sehr gut.« Wenn schon der Gang zur Kirche beschwerlich ist und der Rundfunkgottesdienst oder überhaupt der Gottesdienst, den wir erleben, nicht befriedigt – dies können wir doch tun: ansehen alles, was mit uns geschehen ist; was wir getan haben und was uns widerfuhr. Damit fängt die Erfüllung des Dritten Gebotes an, daß wir uns hierzu Zeit nehmen. Dann merken wir vielleicht: Nicht die *Länge* der Zeit ist wichtig, sondern die *Tiefe,* mit der wir sie ausschöpfen, ist entscheidend. Es kann uns eine kurze Zeit erfüllt erscheinen, weil wir in ihr etwas erlebten, während eine lange Zeitspanne oft leer und langweilig erfahren wird, weil das Leben gleichsam stillsteht.

3. »Siehe, es war sehr gut.« Ich weiß nicht, ob wir je dahin kommen können, in der Betrachtung unseres Lebens diesen Satz zu sprechen. Er steht in der Bibel als ein Satz, den offenbar nur Gott von seiner Schöpfung sagen kann. Und dennoch können wir auch erfahren, daß schlechte Erlebnisse, Unglück und Schläge, die wir zunächst nur mit Zorn und Erbitterung aufnehmen konnten, später einmal als sinnvoll, ja als gut für uns begriffen werden. Und in dieser Erfahrung können wir auch die Reihe der Krisen auf uns nehmen, durch die uns unser Leben führt – fertig werden mit der Zeit!

4. »Siehe, alles war sehr gut.« Das kann gewiß nur Gott am letzten Ende sagen. Der Satz, den Menschen hier sprechen können, lautet allenfalls: »Gott sei gelobt für alles.« So wird erzählt, daß der Patriarch Johannes Chrysostomos am Ende seines Lebens, nach Niederlagen und Verfolgungen, in der Ver-

bannung mit den Worten starb: »Gott sei gelobt für alles.« – Gott sei gelobt für alles – das ist die Formel für das Fertigwerden mit der Zeit, das ist die Erfüllung des Dritten Gebotes.

Autoritäten anerkennen und selbständig werden

Das Vierte Gebot:

Du sollst deinen Vater und deine Mutter ehren,
auf daß es dir wohl gehe
und du lange lebest auf Erden.

Was ist das?

Wir sollen Gott fürchten und lieben,
daß wir unsere Eltern und Herrn
nicht verachten noch erzürnen,
sondern sie in Ehren halten,
ihnen dienen, gehorchen,
sie lieb und wert haben.

I. Die Fragestellung

Am Anfang unseres Jahrhunderts verkündete die Pädagogin Ellen Key das »Jahrhundert des Kindes«. Die Kindheit soll als ein selbständiges Stadium des Lebens anerkannt werden. In dieser Zeit hat der Mensch die größten Leistungen in seinem Leben zu vollbringen: Er muß stehen lernen, laufen, sprechen, sich orientieren und tausend andere Dinge mehr. Wer einmal ein behindertes Kind hat aufwachsen sehen, weiß, welche ungeheure Anstrengung dazu gehört, und deshalb braucht das Kind die volle Zuwendung und Unterstützung der Erwachsenen, die das alles schon können. Nicht das Kind ist für die Eltern da, zum Vergnügen oder auch um bei der Arbeit zu helfen oder das ererbte Gut zu bewahren, sondern die Eltern sind für die Kinder da.

Kein Zweifel, das war ein neuer Ton gegenüber der Geschichte menschlicher Erziehung. Unsere Kultur hat seit vielen Jahrhunderten die Erwachsenen als die eigentlichen Menschen angesehen. Kinder erschienen als unvollkommene Erwachsene, alle Erziehung zielte darauf, sie möglichst schnell zu Erwachsenen zu machen. Erziehung bestand darin, Kindern die Unarten abzugewöhnen, ihren Eigenwillen zu brechen, sie zu beschneiden wie Hecken oder Obstbäume. Die Erwachsenen, die das tun, stehen an Gottes Stelle, sie haben nach Luther wie die Obrigkeit eine güldene Amtskette von Gott, ihnen soll das Kind gehorchen wie Gott. Nicht zu lieben braucht es die Eltern, sondern es heißt: Du sollst Vater und Mutter *ehren.*

Was zwischen Eltern und Kindern geschieht, bildet zugleich die Keimzelle der Gesellschaft, die dem Menschen Schutz und Ordnung gibt. Auch die Gesellschaft wird unter dem Vierten Gebot autoritativ aufgebaut. Ihr Grundgesetz ist, daß die einen den anderen gehorchen. Gehorchen muß man denen, die ein Amt haben, und wem Gott ein Amt gibt, dem gibt er auch die Kraft dazu. Luther bezieht das Vierte Gebot ausdrücklich auch auf die Obrigkeit, die Stadtväter, die Landesväter.

Wenn jemand demgegenüber das »Jahrhundert des Kindes« proklamiert, dann will er diese Verhältnisse umkehren. Das Vierte Gebot müßte nun lauten: Du sollst das Kind ehren als einen gleichberechtigten Partner, der mehr Hilfe und Zuwendung braucht als du selbst. Und so kommt es auch in der Gesellschaft nicht mehr darauf an, daß die einen den anderen, den Amtsträgern, gehorchen, sondern daß alle miteinander mündige Partner sind und diejenigen zu Verwaltern bestellen, die die meisten Fähigkeiten haben. Das ist der Grundgedanke der Demokratie. Kann er sich nicht schon auf Jesus berufen? »Wer das Reich Gottes nicht empfängt wie ein Kind, der wird nicht hineinkommen« (Markus 10, 15). »Und wer ein solches Kind aufnimmt in meinem Namen, der nimmt mich auf« (Matthäus 18, 5).

Freilich, so einfach ist die Sache nicht. Irgendwie ist die Umkehrung des Vierten Gebotes bis heute nicht gelungen. Zwar sind die meisten heute darin einig, daß wir uns nicht widerstandslos Autoritäten unterwerfen wollen. Doch die unaufhörliche Kritik an aller Autorität beraubt viele des Haltes, den sie für das Gelingen ihres Lebens brauchen. »Die Welt ohne Väter« und die »vaterlose Gesellschaft« sind zugleich ein

Schreckbild. Man kann ebensowenig den Eindruck haben, daß ein antiautoritäres Klima die Kinder in der Regel glücklich macht. Oft geraten sie außer Rand und Band, weil sie keine Orientierung haben. Eltern, die nur Kameraden sein wollen, sind keine große Hilfe, und ständig selbst entscheiden zu wollen, wenn man gar nicht genug Informationen hat, überfordert nicht nur, sondern irritiert auch tief. So ist es kein Wunder, daß allerhand Ersatzautoritäten auftauchen: die großen Revolutionäre, Mao zumal, oder auch nur Stars, mit denen man glaubt, sich identifizieren zu können.

Wir stoßen hier einmal mehr auf das große Risiko des menschlichen Lebens. Menschwerden, so wissen wir heute auch durch die Erforschung der kindlichen Entwicklung – der »Sozialisation« –, ist kein Vergnügen. Es beginnt mit dem Ausgestoßenwerden aus dem Mutterleib, und es bedeutet dann immer weiter Verlust der Geborgenheit wie im Paradies. Das Kleinkind begegnet bald Forderungen: Essen, Reinwerden, Nicht-Kaputtmachen. Es begegnet Zurücksetzung und Strafe, wenn es die Forderungen nicht erfüllt. Es soll immer selbständiger werden und findet sich oft allein gelassen. Gelingen kann dies alles nur, wenn das Kind Autoritäten findet. Autorität, das heißt nicht einfach Kommandogewalt, das heißt vielmehr eine Zuwendung, die in den Kindern Zutrauen und Ermutigung erweckt, so daß die Forderungen nicht schrecken, sondern so aufgenommen werden können, daß das Kind bald schon sagen kann: »Alleine, alleine machen.«

Das Kind braucht zunächst ein *Grundvertrauen,* ohne das der Kontakt zur Umwelt überhaupt nicht gelingt; das ist die Wurzel auch alles Glaubens. Sodann geht es darum, daß das Kind die Forderungen an sich nicht nur als fremde erfährt, sondern sich mit ihnen identifiziert. Das kann es freilich nur, wenn diese Forderungen ihm zugleich als Ermöglichung von gutem Leben erscheinen. Dafür aber bürgen können nur Vater und Mutter, die »Bezugspersonen«. Wenn sie das Kind annehmen, sich ihm zuwenden, ihm stellvertretend den Halt und die Geborgenheit geben, die es sich selbst noch nicht geben kann, dann sind sie Autorität. Dann sind sie zugleich auch Gottes

Stellvertreter: An ihrem Verhalten entscheidet sich, ob und wie das Kind Gott erfährt, als den Grund, dem man vertrauen kann, als den Geber aller Güter und guten Weisungen.

Spätestens hier merken wir, daß wir dabei sind, ein Idealbild menschlichen Lebens zu zeichnen. Kein Zweifel, daß Erziehung und Menschwerden so geschehen sollten. Kein Zweifel, daß es sehr oft nicht so geschieht. Eltern haben vielfach nicht die Geduld und die Kraft, ihren Kindern auf diese Weise Autorität zu sein. Kinder zeigen trotz aller Liebe und Geduld oft wenig den Erfolg der Erziehung. Und schließlich, wie das Kind dann selbständig werden kann, ohne sich von seinen Eltern einmal zu trennen, ohne ihnen weh zu tun, ohne die Orientierung und oft sogar den Glauben zu verlieren, darauf antwortet das Vierte Gebot nicht. Es ist eher wie eine Notkonstruktion, die wenigstens das Schlimmste, die gänzliche Trennung, Enttäuschung, Orientierungslosigkeit, verhindern soll. Kann man mehr sagen?

II. Zur Betrachtung

Wir wenden uns wieder einer biblischen Erzählung zu, die die Aufgabe »Autoritäten anerkennen und selbständig werden« beispielhaft behandelt: das Gleichnis vom verlorenen Sohn (Lukas 15, 11–32). Jesus erzählt von einem Sohn, der vom Vater sein Erbteil erbittet und damit in die Fremde zieht, um eine selbständige Existenz zu führen. Da er aber leichtsinnig lebt, verschleudert er das Erbe und gerät in äußerste Not, muß Schweine hüten und ihr Futter essen. »Da schlug er in sich und sprach: Wieviel Tagelöhner hat mein Vater, die Brot die Fülle haben, und ich verderbe im Hunger! Ich will mich aufmachen und zu meinem Vater gehen und zu ihm sagen: Vater, ich habe gesündigt gegen den Himmel und vor dir und bin hinfort nicht mehr wert, daß ich dein Sohn heiße; mache mich zu einem deiner Tagelöhner!« (Lukas 15, 17–19). Eine Geschichte mit fortschrittlichem Anfang und patriarchalischem Schluß? Jedenfalls haben es viele moderne Denker so verstanden. Vielleicht aber können wir doch noch etwas anderes darin lesen, wenn wir die menschliche Grundsituation betrachten, die hier angesprochen wird.

Der Sohn will selbständig werden, und der Vater verweigert ihm das nicht etwa unter Hinweis auf das Vierte Gebot. Vielmehr gibt er ihm das Erbe. Das kann er doch eigentlich nur, wenn er Vertrauen zu dem Sohn hat; wenn er hofft, daß es eben nicht so schlecht ausgeht, wie es dann ausgeht. Das aber ist die Situation der Eltern, deren Kinder selbständig werden wollen: Sie sollen sie nicht zurückzuhalten versuchen, sollen sie mit Vertrauen ziehen lassen, auch wenn es weh tut. So steht hier im Gleichnis wirklich das umgekehrte Vierte Gebot: Du sollst deine Kinder ehren, indem du sie freigibst. Eben so und nur so können die Eltern Autorität sein nach dem Bilde Gottes. Denn dieser Sohn, als er im Elend ist, erinnert sich an seinen Vater. Er verzweifelt nicht, sondern hofft auf einen neuen Anfang. Der Vater hat ihm, indem er ihn ziehen ließ, Vertrauen geschenkt, das auch in der äußersten Not nicht aufhört, sondern wieder aufbricht. Das ist Autorität: nicht die Fähigkeit, Kinder bis ans Lebensende abhängig zu halten, sondern ihnen die Kraft zu schenken, daß sie sich helfen können.

Selbständig wollte der Sohn sein auch in der Fremde, in der äußersten Not. Nun will er nicht wieder Kind werden, sondern ein Tagelöhner im Hause des Vaters. Auch das heißt Vater und Mutter ehren, daß man die Selbständigkeit, die sie gewähren, nicht wieder wegwirft oder nach anderen Schuldigen sucht. Der Sohn könnte ja auch sagen: Der Vater ist an allem schuld, warum hat er mich ziehen lassen. Er ehrt den Vater dadurch, daß er alles auf die eigene Verantwortung nimmt: »Ich habe gesündigt vor dem Himmel und vor dir.« Darin zeigt sich, daß er selbständig geworden ist.

Wichtiger noch ist das andere: Der Sohn erinnert sich dankbar an sein Vaterhaus und an alles, was er dort empfangen hat. Das ist die entscheidende Wende, durch die er eine neue Ordnung, Mut zum Neubeginn bekommt. Darin erweist sich der Vater als Autorität im eigentlichen Sinne: Die Erinnerung an ihn schenkt dem Sohn Kraft, aus der Krise herauszufinden.

Vielleicht empfindet jemand diese Auslegung als einseitig und ungewohnt. Aber wir sollten sehen, daß Jesu Gleichnis, das Gottes Vergebung darstellen will, jedenfalls auch etwas über das Verhältnis von Eltern und Kindern und damit zur Auslegung des Vierten Gebotes sagt, etwas, was für die gegenwärtige Situation zwischen Eltern und Kindern von neuer, vielleicht hilfreicher Bedeutung ist. Unsere Gesellschaft, namentlich die technische Lebenswelt, verlangt immer mehr Selbständigkeit des einzelnen, wenn er seinen Platz finden und wenn die Gesellschaft im ganzen überleben soll. Es ist die Aufgabe und Chance der Eltern, solche Selbständigkeit durch Zuwendung und durch ihr Vertrauen den Kindern zu ermöglichen, selbst wenn es so läuft wie beim verlorenen Sohn.

Auch der Mensch von heute kann Orientierung und Kraft zum Neubeginn nur gewinnen, wenn er Autoritäten erfährt. Das kann auch in der Fremde und in der Not geschehen, wo von Vätern und Autoritäten nichts zu sehen ist. Die *dankbare Erinnerung* ist hier der Schlüssel – die dankbare Erinnerung an das, was unser Leben ermöglicht und getragen hat: die Eltern zumal. Dankbare Erinnerung gilt es zu üben. Sie macht nicht unselbständig, sondern gibt uns selbst in äußersten Lagen den Mut, der spricht: »Ich will mich aufmachen.« Das ist die Erfüllung des Vierten Gebots.

III. Hinweise

1. Wir sollten unser Verhalten zu unseren Eltern und zu unseren Kindern daraufhin ansehen, wie darin Autorität und Selbständigkeit vorkommen, ob sie in Widerspruch geraten, oder ob sie sich gegenseitig ermöglichen. Zum Selbständigwerden gehört auch Grundvertrauen, dies aber erwächst aus erfahrener Autorität.

2. Kinder sollen an den Eltern die Forderungen des Zusammenlebens lernen und aufnehmen. Selbständig können sie das nur, wenn sie diese Forderungen als Leben ermöglichend erfahren haben – an Vater und Mutter. Ist uns das möglich?

3. Wir sind uns bewußt, wie vielfältig heute das Miteinander von Kindern und Eltern mißlingt. Das Vierte Gebot redet nicht die Eltern, sondern die Kinder an: »Du sollst Vater und Mutter ehren.« Darin können wir einen Hinweis hören, wie lebensnotwendige Autorität entsteht: Auch die Eltern selbst sind hier als Kinder ihrer Eltern angeredet. Das Vierte Gebot sagt: Du sollst dankbar dessen gedenken, was dir selbst Leben und Orientierung in der Welt ermöglicht hat. Aus solchem Gedenken kann die Krise im Verhältnis der Generationen angegangen werden.

Die Angst vor dem anderen überwinden

Das Fünfte Gebot:

Du sollst nicht töten.

Was ist das?

Wir sollen Gott fürchten und lieben,
daß wir unserm Nächsten an seinem Leibe
keinen Schaden noch Leid tun,
sondern ihm helfen
und fördern in allen Leibesnöten.

I. Die Fragestellung

Der Zweite Weltkrieg hat nach Schätzungen etwa 50 Millionen Menschen das Leben gekostet. Kaum jemand wird unter uns sein, der nicht Verwandte im letzten Krieg verloren hat. Der Wahnsinn dieses Mordens bleibt bis heute unbegreiflich. Wer etwa sagen wollte, man solle die Vergangenheit ruhen lassen, den müßte man auf die Kette der Kriege und Greuel verweisen, die sich seitdem ereignet haben: Korea, Ungarn, Algerien, Vietnam, Biafra, Sudan, Nordirland, Libanon, um nur die blutigsten zu nennen. Das reicht weiter bis in unsere Tage hinein. Man muß sich nur einmal vorstellen, wir kennten eine Tierart, bei der Millionen Exemplare andere Millionen anscheinend sinnlos töten – wir würden sie mit Entsetzen und Abscheu betrachten. Wohl geraten auch Tiere der gleichen Art in Streit und Kampf, aber es gibt feste Riten und Regeln unter ihnen, die den Kampf beenden, etwa: Wenn der Unterlegene flieht, läßt der Stärkere von ihm ab. Nur beim Menschen ist die Aggression, die Streitlust, enthemmt. Er läßt nicht nur nicht ab, er hat sogar Werkzeuge und Maschinen der Tötung erfunden, die bequemer den Gegner oder viele Gegner vernichten, bis hin zu den technischen Entwicklungen, die alles Leben auf der Erde überhaupt bedrohen: Atomwaffen und bakterielle Waffen. Angesichts dessen, daß jedes Geschöpf am Leben hängt, ist das so absurd und fürchterlich, daß im Grunde alle Versuche, es zu erklären, versagen. Was heißt es schon, wenn man sagt: Die Amerikaner bangten wie die Sowjets um ihre politische Macht; die Moslems kämpften um ihre soziale und politische Gleichberechtigung – wenn am Ende Tausende unschuldiger Opfer und ein zerstörtes Land stehen? Diese Kriege werden von niemand mehr gewonnen, auch von den Siegern nicht. Daß sie geschehen, bleibt unbegreiflich, wenn man nicht wie die Alten sagen will, daß eben Tod und Teufel diese Welt regieren.

Das ist nicht nur im Leben der Völker so. Im Leben der einzelnen Menschen wiederholt sich das gleiche. Jede Tageszeitung ist voll davon. Nur zwei Beispiele der letzten Zeit: Zwei Autofahrer streiten um eine Parklücke, es kommt zu einer Schlägerei, und der eine stirbt an den Verletzungen. Oder, besonders erschreckend: In der Schweiz tötet ein junger Mann seine Eltern und Geschwister. Die ganze Familie hatte gespart, um ihm ein Studium zu ermöglichen. Er fällt aber durchs Examen und wagt nun nicht, das zu Hause zu erzählen. Er tut lange so, als gehe er zu seiner Arbeit als Lehrer. Als sein Schwindel herauszukommen droht, bringt er lieber alle um.

Hier stoßen wir auf einen, vielleicht den gewichtigsten Grund für das furchtbare und rätselhafte Verlangen von Menschen, sich des Nächsten zu entledigen: Es ist die *Angst vor dem anderen,* die dazu treibt, ihn umzubringen. Im Gegensatz zu den Tieren ist der Mensch eigentümlich schutzlos, und deshalb ist ihm der andere Mensch nicht vertraut, sondern oft unheimlich, angsterregend. Die Angst, schwächer zu sein als der andere, sich vor dem anderen zu blamieren, Angst, zurückstehen zu müssen, Angst, übervorteilt zu werden, die Angst, Lebenschancen zu verlieren – all das erweckt das Verlangen, dem anderen Schaden zu tun, ihn *unschädlich* zu machen, selbst dann, wenn der Anlaß bei Lichte gesehen lächerlich gering ist. Beim Gegensatz der Völker ist es nicht anders. Die Angst der Weißen vor den Schwarzen, wenn sie die Mehrheit haben; die Angst der sozial unterlegenen Gruppen, daß sie nicht genug Lebenschancen haben; die Angst der sozial Überlegenen, der Besitzenden, daß ihr Besitzstand angetastet wird; die Angst schließlich um die Ehre der Nation oder des Vaterlandes oder der Ideologie, eins ein Wahngebilde so gut wie das andere – um solcher Wahngebilde willen müssen jährlich, ja täglich Menschen ihr Leben lassen.

Aber es gibt auch subtilere Formen des Tötens. Wenn wir bedenken, wie verletzlich der Mensch ist, dann sind auch schon die kleinen Quälereien und Schikanen, die wir einander antun, Versuche, dem anderen das Leben zu nehmen oder jedenfalls einen Teil davon. Alles, was den anderen schädigt, was ihn nicht schont, wirkt mit zu seinem Tode. Jesus rechnet auch schon das böse Wort dazu (Matthäus 5, 21 ff.), und wir wissen, wie böse Worte an einem fressen können. Wie mancher Selbstmord ist wohl auf das vernichtende Wort eines anderen zurückzuführen? Wird gefragt, warum das alles geschieht, werden wir immer wieder darauf stoßen, daß einer Angst hat vor dem anderen, Angst davor, in seinen Lebensmöglichkeiten beeinträchtigt zu werden. Da reicht es nicht aus, das Töten zu verbieten. Wenn uns jemand sagt: Du sollst nicht töten, werden wir uns schnell herausreden: Das tun wir ja auch gar nicht. Worum es geht, wäre das Übel an der Wurzel zu packen, *die Angst vor dem anderen zu überwinden.*

II. Zur Betrachtung

Die biblische Erzählung, die mit einem gewaltigen Bilde von dieser Angst vor dem anderen handelt, ist die Geschichte von Kain und Abel, dem ersten Geschwisterpaar der Menschengeschichte (1. Mose 4, 1 ff.). Kain, so wird erzählt, war ein Ackerbauer, Abel ein Hirte. Kain und Abel, so heißt es weiter, bringen Gott von ihren Erzeugnissen beide etwas zum Opfer. Beide also erkennen, daß nicht die Arbeit allein ihrem Leben Sinn gibt, sondern daß Segen und Gelingen von Gott kommen müssen. Gott sieht das Opfer des Abel gnädig an, das Opfer des Kain sieht er nicht an. Wir erfahren nicht, warum das so ist, vielleicht ist es im Unterschied ihrer Charaktere begründet. Der Bauer erscheint in der Bibel als das Sinnbild des sorgenden und planenden und hortenden Menschen. Der Hirte muß demgegenüber viel stärker ungesichert leben, sich Gott preisgeben, mit seiner Herde umherwandern, um Weide zu finden. Entscheidend ist, was nach diesem Opfer geschieht. Kain ergrimmt gegen den Bruder, lockt ihn aufs Feld und erschlägt ihn. Das erste Geschwisterpaar der Welt bereits, so sagt die Bibel, endet im Brudermord. Warum? Es wäre zu billig, zu sagen, den Kain packte der Neid. Nein, Kain sieht sich durch den Bruder bedroht. Dessen Leben gelingt, denn Gott nimmt ihn an. Sein eigenes Leben aber scheint zu mißlingen, weil er keinen Segen erfährt. Es ist die Angst vor dem anderen, die Angst, der andere könne einen selbst um den Ertrag des Lebens bringen, die zum Urmord der Menschengeschichte führt. Diese Angst vor dem anderen zu überwinden, vermag das das Fünfte Gebot?

Betrachten wir noch einmal die Geschichte von Kain und Abel. Gott, so heißt es dort, zieht den Brudermörder zur Rechenschaft: »Kain, wo ist dein Bruder Abel?« Das ist das erste, was Gott gegen das Morden des Menschen tut. *Gott weckt das Gewissen.* Kain versucht sich zu wehren: »Sollte ich meines Bruders Hüter sein?« Aber das Gewissen ist stärker: »Das Blut deines Bruders Abel schreit von der Erde.« Und nun kehrt für Kain die Angst zurück, der Brudermord war kein Ausweg. »Siehe, ich muß mich vor deinem Angesicht verbergen und muß unstet und flüchtig sein auf Erden. So wird mir's gehen, daß mich totschlage, wer mich findet.« Da geschieht nun die zweite, erstaunliche Gegenwirkung Gottes gegen das Morden. Gott, so heißt es, macht ein Zeichen an Kain, daß ihn niemand erschlägt, der ihn findet. Gott schützt den Mörder durch sein eigenes Zeichen, weil nur so die Angst überwunden werden kann, nur so das Morden einmal aufhört, wenn es nicht weitergeht nach dem Gesetz: Auge um Auge, Zahn um Zahn, Leben um Leben.

Man hat viel gerätselt, was denn wohl das Kainszeichen

sein könnte, das den Brudermörder schützt und dem Morden Einhalt gebietet. Wir wissen es nicht, wir können nur sagen, daß es Gottes Zeichen ist, das Gott selbst an Kain gemacht hat – und das bringt uns nun auf die Spur, wie man die Angst vor dem anderen überwinden kann, so daß wir ihn nicht mehr töten, so daß wir ihn zumindest nicht mehr unschädlich machen möchten: Wir sollen *das Zeichen Gottes am Nächsten* erkennen. Wir sollen erkennen: Dieser andere Mensch braucht für uns nicht das unheimliche, bedrohliche Gegenüber zu sein, das wir möglichst unschädlich machen müssen, sondern er ist Gottes Ebenbild, er steht in Gottes Hand. Was immer dieser andere Mensch tut, wir brauchen uns nicht zu ängstigen, wir begegnen dabei immer der Hand Gottes, dem wir vertrauen können.

Das klingt angesichts dieser Welt, in der wir leben, vielleicht etwas harmlos. Aber Jesus von Nazareth hat sich keine Illusionen gemacht, wenn er von uns fordert, daß wir Gottes Hand am Nächsten sehen und den Nächsten lieben sollen wie uns selbst. Er sagt auch: »Wenn dir jemand einen Schlag gibt auf deine rechte Backe, so biete die andere auch dar« (Matthäus 5, 39). Du brauchst auch dann keine Angst vor ihm zu haben. Kann man das überhaupt? Jesus selbst hat es jedenfalls so konsequent getan, daß er bis ans Kreuz ging mit den Worten: »Vater, vergib ihnen, denn sie wissen nicht, was sie tun.«

Ich frage nicht, ob wir das fertigbringen; ich sage nur: Das ist jedenfalls der einzige Weg, das Morden in der Welt zu beenden und den Frieden zu bringen. Deshalb steht das Kreuz auf den Altären als Zeichen der Hoffnung, daß Menschen das Opfer fertigbringen, das Frieden bringt. Und wenn wir schon mit der Angst vor dem anderen nicht auf einen Schlag fertig werden, so weist uns Jesus doch einen Weg, wie wir dazu kommen können: »Vater, vergibt ihnen!« Das ist die Erfüllung des Fünften Gebots.

III. Hinweise

1. Was hilft uns das Fünfte Gebot zu erfüllen? Hören wir auf die Stimme unseres Gewissens. Wenn wir es schärfen, zeigt es uns die Verletzlichkeit des Menschen. Weil wir schutzlos sind, darum ist der andere uns unheimlich. Und wir merken: Es ist die Angst, schwächer zu sein als der andere, die uns dazu treibt, ihm Schaden zu tun, ja ihn unschädlich zu machen.

2. Zugleich damit wird uns deutlich, daß die Angst der schlechteste Berater zur Erhaltung des Leben ist. Die Angst vor dem anderen zu überwinden, das ist dann möglich, wenn wir das Leben als die Gabe des Schöpfers bejahen. Wenn wir wissen, daß Gott auch den Kain, der uns begegnet, in seiner Hand hält, dann werden wir nicht mehr die Angst haben, daß er uns unseren Lebensraum wegnimmt. Wenn wir aber die Angst verlieren, dann brauchen wir auch selbst nicht mehr aggressiv zu sein, andere unschädlich zu machen, sondern wir können Gottes Walten Raum geben: »Vater, vergib ihnen!«

Auf ein erfülltes Zusammenleben hoffen

Das Sechste Gebot:

Du sollst nicht ehebrechen.

Was ist das?

Wir sollen Gott fürchten und lieben,
daß wir keusch und züchtig leben
in Worten und Werken
und ein jeglicher sein Gemahl liebe und ehre.

I. Die Fragestellung

Wer wünschte das nicht, den Anfang einer neuen Zeit? Wir kennen die Hoffnungen, die sich damit verbinden, aus den Weissagungen der Propheten: Ankommen soll die Zeit des Friedens, da sollen die Menschen ein heiles, ein erfülltes Leben miteinander führen, da brauchen sie keine Gebote oder gar Verbote mehr, sondern werden alle von Gott belehrt sein (Jeremia 31, 31), einander zu lieben und das Rechte zu tun.

Kaum ein Lebensgebiet gibt es, auf dem die Erfüllung dieser Hoffnung unwahrscheinlicher aussieht, als dasjenige, mit dem es das Sechste Gebot zu tun hat: »Du sollst nicht ehebrechen.« Ja, die Verstöße gegen dieses Gebot gehören neben den Verbrechen zu den beliebtesten täglichen Themen der Zeitungen. Jeden Tag wird ausführlich berichtet, wer mit wem wo und wie wieder das Bett geteilt hat und welche Scheidungen bevorstehen. Das würde nicht so ausführlich berichtet, wenn es die Leser nicht interessierte. Warum erregt das so, sei es, daß wir entrüstet sind, sei es, daß wir es neugierig zur Kenntnis nehmen? Offenbar deshalb, weil das sexuelle Leben ein Bereich ist, mit dem viele Menschen am wenigsten fertig werden, noch weniger offensichtlich als mit der Aggression. Es gibt Schulen der Seelenkunde, die meinen, daß die Sexualität überhaupt die Triebfeder des menschlichen Lebens sei, aus der alle Werke hervorgingen. Kunst und Kultur wären dann Erzeugnisse verarbeiteter Sexualität. Wie dem auch sei. Tatsache ist, daß auf keinem Gebiet so ausdrücklich und deutlich von Moral gesprochen wird bis dahin, daß ein »unmoralischer Mensch« eben derjenige ist, der das Sechste Gebot übertreten hat. Eben an dieser Stelle hat sich aber gleichzeitig die Moral in den letzten Jahren und Jahrzehnten am deutlichsten gewandelt. Viel Feindschaft gegen das Christentum ist Feindschaft gegen seine strenge, anscheinend lebensfeindliche und unmenschliche Sexualmoral. Die strenge Einehe sei die größte Unglücksquelle der Menschheit, kann ein Gesellschaftskritiker sagen, sie habe die Prostitution als notwendige Ergänzung mit hervorgebracht, sie führe zur Heuchelei, sagt ein anderer. Ganz scharfe Kritiker meinen sogar, die Kirche habe auf dem Gebiet der Sexualität nur deshalb so strenge Normen erlassen, die kein Mensch erfüllen kann, um die Menschen an sich zu binden, weil sie allein die unausweichlichen Sünden auch auf diesem Gebiete vergeben kann: ein wahrhaft hintergründiges System.

Dennoch gibt es auch Gegenstimmen. Nach einer Zeit, in der das hemmungslose Ausleben vielen als die wahre Befreiung des Menschen erschien, neigen auch die Forscher auf diesem Gebiet heute zu vorsichtigem Urteilen: Allein die Dauerhaftigkeit einer Beziehung, so meint man heute allgemein, könne wirkliche Erfüllung des menschlichen Verlangens bringen. Und die Verhaltensforscher weisen daraufhin, daß auch im Tierreich die Einehe, oder besser das Zusammenleben eines männlichen und eines weiblichen Tieres, eine sehr häufige Lebensform ist, die in vielen Fällen auch für die Nachkommen die günstigsten Voraussetzungen schafft. Das kann man scheinbar leicht auf die Menschen übertragen: Kinder aus heilen Ehen gedeihen besser. Nur: So einfach ist es bei dem Menschen eben nicht. Seine Instinkte lenken ihn nicht mehr so sicher wie die der Tiere. So ist auch sein geschlechtliches Verlangen nicht wie bei den Tieren an eine bestimmte Zeit gebunden, sondern enthemmt.

Es kann jederzeit erwachen, und seine Phantasie verlockt ihn selbst dort, wo es gar nichts zu begehren gibt. Eine ganze Industrie macht sich das heute zunutze. Aber was wir hier feststellen, ist doch nur die halbe Wahrheit. So kann man nicht verstehen, warum Menschen auch dann noch nicht zufrieden sind, wenn ihr sexuelles Verlangen gestillt ist, warum sie nach neuen Partnern suchen, warum Ehen zerbrechen. Mit dem Trieb allein ist nicht zu erklären, warum auch erfüllte menschliche Partnerschaften in Krisen geraten können; warum Menschen, die sich oft jahrzehntelang nahegestanden haben, sich plötzlich einander entfremden und verlassen – oder warum immer wieder junge Menschen sich das Leben nehmen, weil sie den ersehnten Partner nicht gewinnen können oder wenn der Partner sie verläßt.

Hier wird deutlich, daß hinter dem sexuellen Verlangen ein anderes, viel tieferes steht: das Verlangen, von einem anderen Menschen ganz und gar angenommen zu werden, mit allen Schwächen, »in guten wie in bösen Tagen«, bis der Tod sie scheidet. Es ist *das Verlangen nach einer letzten Geborgenheit.* Sie ist das Menschliche an einem Trieb, den der Mensch mit allen Lebewesen gemeinsam hat. Nun sagt schon die Paradiesgeschichte in großartiger Poesie: Da bringt Gott die Tiere zum Menschen, daß er ihnen Namen gibt, aber es wird kein Gehilfe für ihn unter den Tieren gefunden. Erst als Gott das Weib bringt, spricht der Mensch: Das ist Fleisch von meinem Fleisch und Bein von meinem Bein, das ist die Gehilfin, die um mich sei. Erfülltes menschliches Zusammenleben, das ist das Ziel der Sehnsucht in aller Sexualität. Mag bei den Tieren der Instinkt zur Partnerwahl, zu eheähnlicher Partnertreue treiben, beim Menschen ist es umgekehrt: Die Sehnsucht nach erfülltem menschlichen Zusammenleben, nach Geborgenheit ist es, die den Partner suchen läßt, und aus ihr geht dann auch der Wille zum Kinde hervor. Sicher haben die Partner sich nicht immer frei gewählt; oft genug hat der Wille der Eltern, der Sippenältesten, der Wille, Höfe oder Kapital zusammenzuhalten, Ehen gestiftet. Erfüllt waren sie für den Menschen gewiß nur dann, wenn sie auch Geborgenheit schenkten. Aber auch im extremsten Gegenteil, dort, wo scheinbar nur leibliche Anziehung ein Zusammensein begründet, ist doch mehr als nur der Trieb wirksam, ist wirksam ein wenn auch noch so primitives Verlangen nach Erfüllung des Lebens, selbst wenn es in der bloßen Lust gesucht wird. Denn alle Lust will Ewigkeit, enthält in sich die Sehnsucht nach dem Paradies.

Wir wollen nicht ins Schwärmen geraten, wir wissen, daß solche Sehnsucht mehr als häufig enttäuscht wird, weil es das Paradies auf Erden nicht gibt. Geborgenheit gibt es nur da, wo nicht das Verlangen nach Lust, sondern die *Treue* des Partners zum Partner die Gemeinschaft bestimmt. Deshalb hat die Ehe im Neuen Testament ihr Urbild nicht an Adam, den das fleischliche Verlangen nach der Gehilfin ergreift, sondern an Christus, der seiner Gemeinde die Treue hält und sich für sie dahingibt (Epheser 5, 23 ff.). Das heißt ganz bloß und hart: Nicht die flüchtige menschliche Zuneigung vermag wahre Treue zu begründen, sondern die vor Gott gelobte Treue kann auch die menschliche Zuneigung so erfüllen, daß der Mensch Geborgenheit findet, das Ziel der Sehnsucht nach erfülltem menschlichen Leben. Aber kann man das denn zur Forderung machen, ist das wirklich eine Hilfe in den Krisen, in die die Gebrechlichkeit des Menschen gerade auf diesem Gebiete führt?

II. Zur Betrachtung

Wenden wir uns einer biblischen Geschichte zu: der Erzählung von der Ehebrecherin (Johannes 8, 1 ff.). Die Schriftgelehrten und Pharisäer bringen ein Weib, frisch im Ehebruch ergriffen, zu Jesus und fragen, was mit ihr geschehen soll. Dieses Weib, verheiratet, unter dem Gelöbnis der Treue stehend, ist wie ein Schulbeispiel für die Schwierigkeit des Menschen, mit der Sexualität fertig zu werden. Die Schriftgelehrten und Pharisäer treten auf als Anwälte der biblischen Moral des Sechsten Gebotes: »Mose hat geboten, solche zu steinigen.« Wer das

Gesetz übertritt, muß die Folgen tragen. Das Gesetz muß erfüllt werden. Muß nicht auch Jesus dem zustimmen? Hier steht zur Entscheidung, wie ernst das Sechste Gebot gemeint ist. Die Antwort Jesu ist nicht nur überraschend, sie bedeutet nichts weniger als eine völlige Neufassung des göttlichen Gebotes überhaupt: »Welcher unter euch ohne Sünde ist, der werfe den ersten Stein.« Wohl ist das Gebot ein Maßstab für Recht und Unrecht, für Gelingen oder Verfehlen des menschlichen Zusammenlebens: Du sollst nicht ehebrechen. Du sollst Treue halten, denn alle Treue gibt Geborgenheit in diesem armen Leben. Aber dieses Gebot ist nicht unmenschlich. Es ist nicht dazu gegeben, den Menschen, der dies nicht schafft, zu vernichten. Es ist vielmehr gegeben, damit er erkennt, welches *der rechte Weg zum erfüllten Zusammenleben* ist, auch wenn dieser Weg immer wieder verfehlt wird.

»Wer unter euch ohne Sünde ist, werfe den ersten Stein.« Dies Wort heißt: Jeder hat es mit seinem Leben schwer. Der Mensch ist das krisenhafte Lebewesen, das die Erfüllung des Lebens immer wieder verfehlt. Jesus sagt auch einmal: »Wer ein Weib ansieht, sie zu begehren, hat schon die Ehe gebrochen.« Da müssen alle Schriftgelehrten sich davonstehlen. Wer sich über Menschen, die sich gegen das Sechste Gebot vergangen haben, erhaben dünkt, oder wer um dieser Sache willen einem anderen, vielleicht seinem Partner, bitter zürnt, der möge zunächst den Ruf an das eigene Gewissen hören.

Das Sechste Gebot will den Weg zur Geborgenheit, zum erfüllten Zusammenleben zeigen. Dieser Weg bleibt offen, auch wenn er einmal verfehlt wurde. »Hat dich niemand verdammt? So verdamme ich dich auch nicht. Gehe hin und sündige hinfort nicht mehr.« Jesus schenkt der Ehebrecherin einen neuen Anfang, weil für ihn das Sechste Gebot nicht ein verdammendes Gesetz, sondern ein Weg zum Leben ist.

III. Hinweise

1. Wer es mit dem Problem des Sechsten Gebotes zu tun hat, sei es für sich selbst oder sei es im Blick auf andere Menschen, der erfährt hier eine ganz klare und einfache Weisung. Schwierig wird sie nur dadurch, daß wir an die Erfüllung des Zusammenlebens nicht zu glauben, auf sie nicht zu hoffen wagen.

2. An der eigenen Gebrechlichkeit mögen wir die Gebrechlichkeit des anderen Menschen erkennen lernen. Die eigene Angefochtenheit mag uns dazu bringen, dem anderen auch seine Fehltritte zu vergeben, sein Tun mit dem Mantel der Liebe zu bedecken. Denn nur so können wir über allen Fehltritten zu einem erfüllten Zusammenleben gelangen: zu der Treue, die Geborgenheit gibt.

3. Den anderen Menschen, den Partner so anzunehmen, wie er nun einmal ist, mit allen Schwächen, Ängsten, geheimen und unerfüllten Sehnsüchten, das ist die Treue, die allein Treue wecken kann und die allein die Geborgenheit gibt, die gebrechliche Menschen einander gewähren können. Es gibt gewiß kein Rezept, um alle Schwierigkeiten in Liebe und Ehe mit einmal zu beseitigen. Aber den Weg, auf dem allein man überhaupt weiterkommen kann, können wir immer aufs neue beschreiten: in der Hoffnung, daß wir ans Ziel kommen, wenn wir dem Worte Jesu glauben, das nicht verdammt, sondern heilt.

Die Angst vor dem Mangel bewältigen

Das Siebte Gebot:
Du sollst nicht stehlen.

Das Neunte Gebot:
Du sollst nicht begehren deines Nächsten Haus.

Das Zehnte Gebot:
Du sollst nicht begehren deines Nächsten Weib, Knecht, Magd, Vieh oder alles, was sein ist.

I. Die Fragestellung

Die Touristik unserer Tage hat es möglich gemacht, daß wohl fast jeder von uns schon in verschiedenen Ländern gewesen ist. Vielleicht hat mancher dabei im Blick auf das Siebte Gebot, auf das Stehlen, seltsame Beobachtungen gemacht. Da gibt es Gegenden, vor allem etwa Inseln im Norden, da bleiben alle Haustüren nachts offen, und man kann seine Tasche oder sein Rad getrost über Nacht stehen lassen, niemand wird es nehmen. Aber gleichzeitig gibt es Gegenden, vor allem im Süden, da darf man seine Sachen nicht einen Augenblick aus den Augen lassen, da trägt man auch sein Geld und die Ausweise besser im Brustbeutel, weil sie einem sonst selbst aus den Taschen gestohlen werden. Merkwürdigerweise hat das mit Frömmigkeit offenbar nichts zu tun. Im Norden ist man damit eher sparsam, während selbst in den frommen Gegenden des Südens das Eigentum nicht sicher ist. Es hat aber auch nicht unbedingt mit der Wohlhabenheit zu tun: Es gibt arme Gegenden, in denen man ehrlich ist, und es gibt sehr wohlhabende Gegenden, in denen die Menschen stehlen wie die Raben. Man muß schon etwas tiefer graben, um diese merkwürdigen Unterschiede und überhaupt die seltsame und untergründige Bedeutung zu begreifen, die das Eigentum für den Menschen hat.

Eigentum, so können wir sagen, gehört zu den elementarsten Grundbedürfnissen des Menschen überhaupt. Etwas *haben,* was man bei sich behalten kann, was einem *eigen* ist, das ist geradezu ein Unterscheidungsmerkmal des Menschen von dem Tier. Er braucht etwas, was er *bei sich behalten* kann, um in seiner Schutzlosigkeit zu überleben: Kleider, denn er hat kein Fell; einen kleinen Vorrat an Nahrung, denn er findet sie nicht überall; Werkzeuge, denn seine Kräfte reichen nicht aus, um das Notwendige mit bloßen Händen zu schaffen. Ja, ein paar Dinge, die unser Eigentum sind, gehören dazu, daß wir uns überhaupt als uns selbst finden. Wir haben es bei Soldaten und Flüchtlingen erlebt. Das können manchmal scheinbar nutzlose Dinge sein, die man als letztes behält: Fotos von den Lieben oder ein kleines Buch oder ein Schmuckstück. Kinder sammeln solche Schätze: Muscheln oder seltsame Steine, gepreßte Blätter, Streichholzschachteln – und sie gewinnen an diesem kleinen Eigentum ein Gefühl für sich selbst. Der Schutz solchen Eigentums, den das Siebte Gebot ausspricht, gehört deshalb zu den elementaren Lebensrechten. Dem Gefangenen, dem man sein Eigentum, seine persönlichen Dinge, wegnimmt, raubt man bewußt eine Stütze seiner Menschlichkeit. Und Pädagogen mahnen deshalb eindringlich, daß man den Kindern ihre kleinen Schätze gewähren soll, ihre Spielsachen, nach Möglichkeit auch ein eigenes Buch, ein eigenes Bett, ein eigenes Zimmer. Kinder, die niemals einen solchen gesicherten kleinen Schatz ihr Eigentum nennen konnten, neigen später ofmals zu hemmungslosem Stehlen, und zwar nicht etwa aus Verlangen nach ausgleichender Gerechtigkeit, sondern aus einem ungestillten Verlangen, das nun, da sie herangewachsen sind, überhaupt nicht mehr gestillt werden kann. Es gibt Menschen, die behalten ihr Leben lang hungrige Augen, weil sie in ihrer Kindheit niemals das Gefühl hatten, wirklich satt zu werden. Hier stoßen wir nun auf die wohl wichtigste Wurzel der Verstöße gegen das Siebte, aber auch das Neunte und Zehnte Gebot. Die

Begehrlichkeit nach dem Gut, das einem nicht gehört, stammt offenbar aus einer tief sitzenden *Angst, zu kurz zu kommen,* Angst vor dem Mangel. Gegenden, in denen nichts gestohlen wird, sind zufriedene Gegenden, in denen man diese Angst vor dem Mangel nicht hat.

Freilich, wenn man diesen Zusammenhang zwischen Angst vor dem Mangel und Begehrlichkeit, Habgier, Neid erst einmal bemerkt hat, dann merkt man auch, daß es so etwas nicht nur gibt, wo man kleinen Kindern ihre kleinen Schätze nicht gönnte, sondern irgendwo gehört die Angst vor dem Mangel zu jedem Menschen, zu seiner eigentümlichen Ungesichertheit. Er ist, wie die Menschenkunde sagt, konstitutionell ein Mängelwesen. Die Frage ist nur, wie der Mensch mit diesen seinen Mängeln und der Angst vor dem Mangel fertig wird. Das ist offenbar nicht so einfach. Auch wo wir nicht stehlen: eine gewisse Besitzgier, auch auf Kosten des anderen, gehört offenbar zu unserem Wesen, auch die Neigung zum Neid – jedenfalls ist die Bibel davon überzeugt. Sie ist voll von Geschichten, da einer dem anderen sein Gut raubt. Sie erzählt von König David, der seinem Feldhauptmann unbedingt das Weib wegnehmen muß, obwohl er selbst nicht unbeweibt ist. Sie erzählt von König Ahab, der Naboths Weinberg haben muß und ohne ihn nicht meint leben zu können. Diese Begehrlichkeit, mag sie auch allgemein menschlich sein, ist offenbar alles andere als harmlos, sonst gehörte das Neunte und Zehnte Gebot nicht zu den Grundgeboten der Menschheit. Die Propheten und auch Jesu Predigten sprechen ein unerhört scharfes »Wehe« über die Reichen, das heißt eigentlich: die Besitzgierigen. Ein reicher Bauer, der sich über seinen Vorrat auf viele Jahre freut, muß in der gleichen Nacht in die Verdammnis fahren. Der reiche Jüngling kann nicht ins Himmelreich kommen. Vom reichen Mann beim armen Lazarus heißt es wie selbstverständlich, daß er zur Hölle fährt.

Die Begehrlichkeit nach dem, was man nicht hat, ist offenbar eine Form, das Heil des Lebens überhaupt zu verfehlen: Ihr könnt nicht Gott dienen und dem Mammon. Vielleicht kann man das auch ohne große Glaubensvoraussetzungen verstehen:

Es kann einer ganz gut sein Auskommen haben und zufrieden sein. In dem Augenblick, wo ihn der Neid auf einen anderen erfaßt, sind Glück und Zufriedenheit dahin. Es kann einer mit seiner Frau in Freuden leben. In dem Augenblick, wo die Begehrlichkeit nach einer anderen erwacht, zerbricht das Glück. Das Rennen nach wirtschaftlichem Erfolg kann das ganze Leben öde machen und verbittern. Volksweisheit hat das anschaulich geschildert. Luther erzählt die Fabel von einem Hunde, der mit einem Stück Fleisch durch einen Bach läuft. Im Wasser spiegelt sich das Fleisch, der Hund schnappt nach dem Spiegelbild, um das »andere« Stück auch noch zu erhaschen, und verliert dabei das richtige. Ist das nicht ein Bild des Menschen, der Zufriedenheit, Glück und Heil im Verlangen nach immer mehr Besitz verliert?

Das Bild wäre unvollständig, wenn wir nicht an die Sorgen dächten, die heute die Weltwirtschaftsordnung im großen bedrohen und die aus derselben Quelle stammen. Der Wohlstand der Menschen muß angesichts des Wachsens der Weltbevölkerung notwendig geringer werden, wenn alle noch leben sollen. Deshalb rufen die Kirchen nach einem neuen Lebensstil der Bescheidenheit und Solidarität. Trotzdem wollen die reichen Industrienationen immer noch mehr Wachstum, und so werden die armen Nationen immer noch ärmer. Die rücksichtslose Steigerung der Ölpreise kann ganze Weltgegenden in noch tieferes Elend stürzen. Der Marxismus verspricht die rettende Lösung: wenn alle Menschen die Güter der Welt gemeinsam und frei verwalten. Aber zu gelingen scheint dies nicht einmal in den Ländern, wo er die Macht besitzt, und in der Weltgesellschaft treten die Staatshandelsländer genauso rücksichtslos auf wie die kapitalistischen. Verzweifeltster Aufstand der Ärmsten auf der einen Seite, Waffengewalt derer, die den Besitzstand halten wollen, auf der anderen Seite – ein apokalyptisches Bild. Die Katastrophe scheint unabwendbar, weil man die Habgier, weil man die Angst vor dem Mangel nicht bewältigen kann. Ja diese Angst scheint zu wachsen, je mehr man besitzt; desto mehr kann man ja verlieren.

II. Zur Betrachtung

Ich weiß keine biblische Geschichte, die eine Antwort auf dieses Problem hätte, als allein die Hoffnung, daß Gott sein Reich der Gerechtigkeit selbst bringen wird. Wie das geschehen soll, sagt die Bibel uns nicht; sie gibt lediglich einige, freilich sehr merkwürdige Hinweise, wie Menschen mit der *Angst vor dem Mangel* fertig werden. Ein solcher Hinweis, ein sehr hintergründiger, ist die Geschichte von der Berufung des Petrus.

Wir hören, wie Jesus Petrus und seine Brüder am Ufer des Meeres trifft, arme Fischer, die nichts gefangen haben, denen die Not offenbar vor Augen steht (Lukas 5, 1 f.), und Jesus gebietet ihnen: »Fahret auf die Höhe des Meeres und werfet eure Netze aus, daß ihr einen Zug tut.« Petrus antwortet: »Meister, wir haben die ganze Nacht gearbeitet und nichts gefangen, aber auf dein Wort will ich das Netz auswerfen.« Und da sie das tun, fangen sie eine große Menge Fische, daß ihr Netz zerreißt. Petrus ergreift die Angst: »Herr, gehe von mir hinaus.« Aber Jesus spricht: »Fürchte dich nicht, von nun an wirst du Menschen fangen.« Und sie führen die Schiffe zu Lande und verlassen alles und folgen ihm nach.

Zwei Dinge kann diese merkwürdige Berufungsgeschichte offenbar zeigen. Einmal: In der Not dieser Fischer tritt Jesus auf als ein Mann, der die Angst überwindet, der Vertrauen weckt, obwohl sie die ganze Nacht, wo man fischt, nichts gefangen haben, der dazu ermutigt, es dennoch zu versuchen, auch wo der Erfolg noch so unwahrscheinlich ist. Das Vertrauen darauf, daß einer da ist, der den Mangel überwinden kann, das gibt Kraft, die Hoffnung nicht aufzugeben und wieder auszufahren. So aber wird die Angst vor dem Mangel bewältigt.

Das hat nun aber die andere, sehr seltsame Folge: Sie führen die Schiffe zu Lande, verlassen alles und folgen Jesus. Über der Bewältigung ihrer Not ist Petrus und den Brüdern aufgegangen, daß der wahre Mangel, die wahre Not, viel tiefer liegt: nicht im Mangel an Fischen, sondern im *Mangel an Vertrauen zu Gott,* durch den die Menschlichkeit und vielleicht die ganze

Menschheit zerstört wird. Vor dieser Erfahrung werden der äußere Besitz und auch der Mangel plötzlich eigentümlich bedeutungslos. Sie verlassen das alles und folgen Jesus, um Menschen zu retten.

III. Hinweise

1. Die Angst vor dem Mangel bewältigen wir, wo jemand uns wie Jesus Vertrauen schenkt, daß der Mangel zu bewältigen *ist.* Wo wir Vertrauen gewinnen, können wir auch in schwierigen Lagen das Nötige tun, und wir wissen noch nicht, wie schwierig die Lagen werden können: Die Ölkrise und der Streit um die Atomkraftwerke sind ja nur erste Vorzeichen, wie groß die Angst schon ist, wie nötig unser Vertrauen ist.

2. Wenn wir das Vertrauen gewinnen, daß ein Herr über den Mangel ist, dann gewinnen wir eine eigentümliche Freiheit gegenüber dem Wohlstand und Besitz, dann können wir's auch hingeben. Ja dann wird uns vielleicht bewußt, wie wichtig es ist, in anderen Menschen das gleiche Vertrauen und die gleiche Freiheit gegenüber dem Wohlstand zu erwecken. Da haben wir alle eine Mission, wenn das Leben dieser Welt noch ein wenig erhalten werden soll.

3. Im Kriege haben manche nach der Ausbombung die merkwürdige Erfahrung gemacht, daß sie nicht verzweifelt, sondern eigentümlich erleichtert waren, weil sie die Last ihres Besitzes losgeworden waren. Solch eine Erleichterung will uns das Wort Jesu geben: Fürchte dich nicht, glaube nur, dann wirst du Menschen gewinnen, so allein wirst du die Angst vor dem Mangel bewältigen.

Den Mut zur Wahrheit aufbringen

Das Achte Gebot:

Du sollst nicht falsch Zeugnis reden
wider deinen Nächsten.

Was ist das?

Wir sollen Gott fürchten und lieben,
daß wir unseren Nächsten nicht fälschlich belügen, verraten, afterreden oder bösen Leumund machen,
sondern sollen ihn entschuldigen,
Gutes von ihm reden
und alles zum besten kehren.

I. Die Fragestellung

Jeder kennt die Szene: Da bricht plötzlich auf dem Spielplatz oder in der Sandkiste Streit zwischen den Kindern aus. Sie schimpfen, schlagen sich, und am Ende kommen sie weinend zu den Eltern gelaufen: »Der Fritz hat angefangen.« Wenn man dann aber nachforscht, wie der Zank nun wirklich entstanden ist, dann lassen sich meist die Tatsachen überhaupt nicht mehr feststellen, obwohl es erst einige Minuten her ist. Jeder beschuldigt den anderen.

Nicht jeder von uns kennt die Szene, aber mancher hat sie im Fernsehen gesehen, wenn »Ehen vor Gericht« kommen. Das ist irgendwie ähnlich wie auf dem Spielplatz, nur sehr viel weniger harmlos. Jeder beschuldigt den anderen. »Wahrheit« ist da kaum zu ermitteln. Vielmehr kommt es darauf an, die Behauptungen über den anderen, den früheren Partner, so kunstvoll vorzubringen, daß sie mehr überzeugen als die des anderen. Weil das so ist, möchte die Rechtsprechung heute von der Ermittlung in Scheidungsprozessen am liebsten ganz wegkommen.

Wenige kennen die Szene, aber wer sie einmal miterlebt hat, denkt mit Zagen daran: die Szene, die man »die Stunde der Wahrheit« nennt. Nachdem Menschen lange den Problemen ausgewichen sind, die Schwierigkeiten umgangen oder verschwiegen haben, merken sie, daß es so nicht weitergeht und daß man nur dann einen Ausweg findet, wenn man der Wahrheit ins Gesicht schaut, wenn man sie sich rücksichtslos sagt. Das ist dann die »Stunde der Wahrheit«. Sie kann das lösende Wort bringen; aber öfters führt sie dazu, daß eine lang gehegte Illusion zerbricht, daß man so arge, verletzende Dinge sagt, daß ein Mensch, eine Partnerschaft, eine Ehe daran zerbricht, weil man so getroffen ist von der Wahrheit – oder was dafür gehalten wird –, daß man es damit nicht mehr aushalten kann.

Alle drei Beispiele zeigen: Wir Menschen haben eigentümliche Schwierigkeiten im Umgang mit der Wahrheit über uns selbst und über andere. Zunächst: Es ist schon schwer, die Wahrheit überhaupt zu ermitteln. Das ist ein Stoff für moderne Romane. Etwa wenn gefragt wird: Welche von den verschiedenen Ansichten, Empfindungen, Erinnerungen über die Tatsachen, die die Menschen haben, entspricht denn nun wohl der Wahrheit, wenn sich die Ansichten nicht zur Deckung bringen lassen? Max Frisch ist ein Meister solcher Schilderungen. Wer ein Tagebuch schreibt, kann an sich selbst erstaunliche Entdekkungen machen. Wenn man liest, was man vor 25 Jahren geschrieben hat, stellt man erstaunt fest: Man hat das Erlebnis oft ganz anders in Erinnerung, als es da aufgeschrieben steht – aber was ist nun richtig? Die Psychologie besitzt für viele Menschen heute eine so große Faszination, weil sie offenbar einen Weg verspricht, auf dem man die Wahrheit über sich selbst kennenlernt. Aber wenn man liest, was so mancher da heute an sich herumanalysiert, dann fragt man sich, ob Psychologie nicht nur der Weg ist, eine Illusion über uns, die uns unerträglich geworden ist, zu ersetzen durch eine andere Illusion, die unserem Leben und unserem Wünschen besser angepaßt ist – etwa wie ein neues Kleid, wenn die alte Machart nicht mehr paßt. Offenbar ist bei dieser Schwierigkeit nicht nur böser Wille am Werk. Wer einmal als Zeuge eines Verkehrsunfalls vor Gericht aussagen mußte, weiß, wie schwer es ist, den Hergang zu rekonstruieren, und noch mehr, nach Monaten noch genau sich zu erinnern. Wir wollen hier nicht etwa das Achte Gebot in Frage stellen. Wir gehen vielmehr davon aus, daß das Achte Gebot: »Du sollst nicht falsch Zeugnis reden« richtig ist und daß es unter allen Umständen befolgt werden muß. Denn sonst – das Beispiel vom Verkehrsunfall zeigt das deutlich – könnte es überhaupt keine Gerechtigkeit unter den Menschen und damit auch keine Lebenssicherheit mehr geben. Bei groben und äußerlichen Tatsachen muß man darauf vertrauen können, daß wir alle um der Gemeinschaft und des Friedens willen an der Wahrheit interessiert sind, und dem dienen die Rechtsinstitute der Wahrheitsfindung, zum Beispiel der Eid. Aber wie schwierig das ist, wenn man nicht nur nach der äußeren Wahrheit fragt: Fritz hat Franz geschlagen, sondern nach der inneren: »Wer hat angefangen?« oder gar: »Warum hat er angefangen?« – das sollte uns bewußt werden, weil wir erst dann erkennen, was für Probleme sich hinter dem Achten Gebot verbergen, welche Krisen des Menschseins es überhaupt aufdecken und bewältigen will.

Wir behaupten: Diese Schwierigkeiten des Menschen im Umgang mit der Wahrheit wurzeln in seiner Schutzlosigkeit gegenüber dem Leben. Wir wissen weniger über uns, als wir gerne wissen möchten. Daher kommt die eigentümliche Unsicherheit vieler junger Menschen über ihre Identität. Die Frage, wer und wie sie eigentlich selbst sind, quält viele mehr, als wir ahnen! Weil wir so wenig wissen, sind wir aber geneigt, so zu tun, als wüßten wir mehr, als wirklich der Fall ist. Kleine Kinder fangen eines Tages zu flunkern an, weil es so schön ist. Und wir Großen machen uns gern ein *Bild von uns selbst* und natürlich auch von anderen. Und oft setzt sich der am schnellsten durch, der am unverschämtesten so ein Bild von sich und dem anderen festsetzt, auch wenn es gar nicht stimmt, auch wenn es ein »Pappkamerad« ist. Aber gleichzeitig kann so ein Bild von uns und dem anderen, wenn es der Wahrheit nicht entspricht, in Konflikte und Krisen führen, etwa wenn man eine Freundschaft oder eine Ehe auf solche Illusionen gegründet hat und nun sieht, daß man sich getäuscht hat.

Schließlich kann es auch so sein, daß wir nicht zu wenig, sondern *zu viel* wissen über uns und andere, mehr als uns lebensdienlich ist. Kinder pflegen beim Achten Gebot meist auf das Thema der Notlüge zu kommen; und hier bringen die meisten Erwachsenen den Kindern auch das Lügen bei. Etwa: Es klingelt am Telefon oder an der Haustür. Wir sagen zu dem Kind: »Geh hin und sag, ich bin nicht da.« Das ist offensichtlich falsches Zeugnis und Übertretung des Achten Gebotes. Dennoch sprechen wir von *Not*-Lügen. Daß wir unsere Anwesenheit verleugnen lassen, mag nicht immer gerechtfertigt sein. Dennoch weist der Ausdruck *Not*lüge darauf hin, daß es oft nicht der böse Wille, sondern die pure Not ist, die uns dazu bringt, die Wahrheit im Interesse des Lebens zu verdecken. Kants Meinung, die Wahrhaftigkeit gebiete, auch den besten Freund den Feinden auszuliefern, wenn sie nach ihm fragen, hat immer für unmenschlich gegolten. Und was der Arzt dem todgeweihten Patienten sagen soll, darüber sind wir unsicherer als je.

Es liegt an unserer begrenzten Erkenntniskraft, daß wir die Wahrheit über uns selbst gar nicht vollkommen ergründen können. Es liegt an unserer Unvollkommenheit, daß wir es gar nicht ertragen könnten, wenn die ganze Wahrheit über uns selbst, alle unsere vergeblichen Versuche, unsere Illusionen, unsere geheimen Antriebe und Wünsche ans Tageslicht kämen, ja auch nur uns selbst zum Bewußtsein kämen. Der dänische Theologe Kierkegaard hat in seiner Schrift »Krankheit zum Tode«, die jetzt wieder als Taschenbuch zu haben ist, dargestellt, daß der Mensch die ganze Wahrheit über sich selbst wenigstens zum Teil verdrängen muß, um leben zu können. Und er ist damit zum Vorläufer der Tiefenpsychologie geworden. Mit der ganzen Wahrheit über uns vor Augen könnten wir nicht leben. Wir gewinnen uns aus Trieben, die wir nicht durchschauen, wandern von einer Krise zur anderen, haben ein mehr oder weniger qualvolles Sterben zu erwarten. Mit der ganzen Wahrheit, wie *fragmentarisch* unser Leben ist – überall Bruchstücke, überall Halbfertiges –, können wir es nicht aushalten, weil wir nach mehr, nach Gelingen, nach Erfüllung, nach Ewigkeit verlangen. So führt das Achte Gebot merkwürdigerweise auf das Erste Gebot zurück. Gott ist offenbar der Maßstab, dem wir nicht genügen können: der Vollkommene, nicht Fragmentarische, *die ganze Wahrheit* als Forderung auch an uns. Und dieser Gott bestürmt uns mit Geboten, die wir nicht erfüllen können, denn die Gebote laufen schließlich alle darauf hinaus, daß wir sein sollen wie Gott: »Darum sollt ihr vollkommen sein, gleich wie euer Vater im Himmel vollkommen ist« (Matthäus 5, 48). Ist es verwunderlich, daß Menschen angesichts dieser Zumutung überhaupt diesen Gott und seine Gebote zurückweisen wollen, wie jüngst der Psychologe Tilmann Moser, weil dieser Gott zum ständigen Vorwurf für uns wird, wie wir *nicht* sind? Wird dieser Gott nicht statt zur Bewältigung eher zum Ursprung dauernder Lebenskrisen?

II. Zur Betrachtung

Es gibt keine schnelle Antwort auf die Frage nach der Wahrheit und nach Gott, es sei denn die des Glaubensbekenntnisses, daß wir das Paradies verloren haben und allzumal Sünder sind. Aber was sollen dann die Gebote? Uns nur zeigen, wie wir nicht sind, und uns damit allein lassen?

Um die Frage, wie man mit der Wahrheit fertig wird, geht es in einer der erregendsten Szenen der Heiligen Schrift: Jesus vor Pilatus. Unter falscher Anklage und falschem Zeugnis haben die Juden Jesus vor den römischen Statthalter geschleppt: er mache sich selbst zum König. Pilatus, Inhaber einer durchaus korrupten, aber offenbar notwendigen Macht, versucht vergeblich, zu begreifen: »Bist du nun ein König?« Und Jesus antwortet: »Ich bin ein König, ich bin dazu geboren und in die Welt gekommen, daß ich für die Wahrheit zeugen soll. Wer aus der Wahrheit ist, der hört meine Stimme« (Johannes 18, 37). Pilatus kann auf diese Antwort nur resignieren: »Was ist Wahrheit?« (Johannes 18, 38). Was ist Wahrheit – möchten wir nach unseren ganzen Überlegungen über die Schwierigkeiten im Umgang mit der Wahrheit nun auch ausrufen. Was soll uns diese Antwort helfen? Das Johannesevangelium, das diese Geschichte berichtet, sagt wohl auch: Jesus ist »der Weg und die Wahrheit und das Leben«. An ihm, an seinem Weg wird deutlich, wie man mit der Wahrheit leben kann, wie die Gebote hilfreich werden. Sein Weg ist heilen, helfen, ermutigen, auch und gerade angesichts des fragmentarischen Lebens: »Die Gesunden bedürfen des Arztes nicht, sondern die Kranken. – Kommet her zu mir alle, die ihr mühselig und beladen seid. – Fürchte dich nicht, glaube nur.« Jesus bezeugt den Hirten, der das Verlorene sucht; den Vater, der den gescheiterten Sohn wieder aufnimmt, gerade weil der Sohn sich die Krisen und das Fragmentarische seines Lebens nicht weglügt, sondern sie annimmt, sich annimmt, wie er ist.

Wenn Pilatus fragt: Was ist Wahrheit?, so könnten wir für Jesus antworten: *Wahrheit ist das, was das Leben Jesu bezeugt:* die Macht, das Fragmentarische des Lebens ehrlich anzunehmen und dennoch den Mut nicht zu verlieren.

Gott und die Gebote, das ist dann der Maßstab, an dem wir das Fragmentarische, das immer wieder Mißlingende an unserem Leben, erkennen. Aber wenn wir diesen Gott in Jesu Leben sehen, dann bedeutet diese Erkenntnis nicht, daß wir uns selbst verurteilen und daran zugrunde gehen müssen, sondern daß wir erfahren: Du bist *trotz des Fragmentarischen angenommen* und kannst dich selber annehmen. Du kannst dich nie ganz durchschauen, aber, wie das Kinderlied sagt: Er kennt auch dich und hat dich lieb. Gott ist die Macht, die uns angesichts aller Wahrheit nicht verzagen läßt. Das ist die Wahrheit über unser Leben: Da ist immer mehr geschehen, als wir einsehen und ertragen können; aber es gibt trotzdem einen neuen Anfang: Seine Güte ist alle Morgen neu.

Vielleicht kann man es mit noch weniger Glaubensvoraussetzungen aussprechen. Jesus bringt seine Botschaft einmal auf den einfachsten Ausdruck: »Wer sein Leben gewinnen will, wird's verlieren, wer es verliert um des Evangeliums willen, wird's gewinnen« (Markus 8, 35). Wer sein Leben sichern und in sich abschließen will, der wird an der Unvollkommenheit scheitern, dem wird es unter den Händen zerrinnen. Wer es aber hingibt an das Evangelium – an die Hoffnung, die den Menschen niemals verloren gibt; an den Mut, immer noch einmal anzufangen; an den Glauben, daß auch im letzten Scheitern alles zum guten Ende kommt –, der wird das Leben gewinnen. Denn er wird jede Strecke Weg, jeden Tag, jede Krise vielleicht mit Angst, aber offen für die Wahrheit hinnehmen in der Gewißheit: Der uns die Gebote zum Leben gegeben hat, der will auch, daß wir das Leben gewinnen.

III. Hinweise

1. Wir sollten darüber nachsinnen, warum wir eigentümliche Schwierigkeiten im Umgang mit der Wahrheit über andere wie über uns selbst haben. Warum meinen wir oft, die Wahrheit korrigieren zu müssen? Warum machen wir uns ein festes Bild von uns und von den anderen? Welche Bedürfnisse verbergen sich dahinter?

2. Wir verlangen von uns und anderen in der Regel mehr, als wir tatsächlich bereit oder fähig sind zu leisten, vielleicht sogar »im Namen von Gottes Gebot«. Gleichzeitig aber läßt sich die Einsicht nicht verdrängen, daß unser Leben fragmentarisch ist. Wir sollten das Fragmentarische unseres Lebens wahrnehmen und ehrlich anerkennen.

3. Was uns allein hilft, ist das Vertrauen auf Gott, der in Jesus auch das gescheiterte Leben annimmt, wie es ist. Wo wir dies lernen, wird uns ein gnädiger Gebrauch der Wahrheit auch im Verhältnis zu anderen Menschen möglich.

Einübung in Lebensmut

Das Vaterunser

Vorletzte und letzte Interessen unterscheiden

Die erste Bitte:

Dein Name werde geheiligt.

Biblischer Bezug:

Jesaja 6, 1–6

I. Die Fragestellung

Beten ist etwas, woran sich die Geister scheiden. Die einen tun es einfach und empfangen die ganze Kraft ihres Lebens daraus. Die anderen stehen kopfschüttelnd davor und fragen: Wie kann man so etwas nur machen? Dieser Gegensatz ist vielleicht noch schärfer als der zwischen Glaube und Unglaube. Ob es einen Gott gibt, darüber kann man auch bei verschiedenen Anschauungen miteinander sprechen. Aber beten, das heißt *mit* Gott sprechen, das ist etwas ganz Persönliches. Man tut es oder man tut es nicht; und die es nicht tun oder können, stehen wohl ratlos vor den Menschen, die aus ihrem Gebet oft eine erstaunliche Kraft gewinnen. So standen jedenfalls auch die Jünger vor Jesus. Sie sahen ihn beten vor seinem Reden und Handeln und baten ihn: »Herr, lehre uns beten« (Lukas 11, 1). Jesu Antwort besteht darin, daß er ihnen das Vaterunser gibt. Das Vaterunser ist die christliche Schule des Betens.

Aber kann man beten lernen, indem man einfach ein formuliertes Gebet lernt? Jesus fügt seiner Anleitung noch einige Hinweise hinzu. Er erzählt von einer armen Witwe, die einen harten Richter so lange bittet und bedrängt, bis er ihr recht gibt (Lukas 18, 1 ff.). Diese Frau weiß, was sie will – man lernt beten, wenn man weiß, was man wirklich will. Oder Jesus spricht von einem Vater, den sein Sohn um ein Stück Brot bittet. Wird der Vater ihm einen Stein dafür geben? Sicher nicht! Diese Selbstverständlichkeit soll uns zum Gleichnis werden. »So denn ihr, die ihr arg seid, könnt euren Kindern Gutes geben, wieviel mehr der Vater im Himmel« (Lukas 11, 13).

Aber hier melden sich Fragen: Was zwischen Eltern und Kindern selbstverständlich ist oder sein sollte, daß Eltern das Bitten der Kinder hören, kann man das ohne weiteres auf die ganze Wirklichkeit und alle Menschen übertragen? Hört da jemand? Immer wieder ist das bezweifelt worden. Wir nennen nur drei solcher Einwände, denen wir begegnen müssen.

Der erste ist der der Spötter. Der heidnische Philosoph Lucian stellt sich Gott im Himmel vor. Von allen Seiten dringen durch Röhren Gebete der Menschen zu ihm herauf, die einen wollen die anderen besiegen, die anderen die dritten betrügen. Der Gott ringt die Hände und sagt: Wie soll ich das alles zusammenbringen? Kann man sich das vorstellen?

Zum Einwand des Spötters gesellt sich der des Täters. Bert Brecht zeigt in seinem Stück »Mutter Courage« eine Familie, die im Dreißigjährigen Krieg um Rettung vor den Feinden betet. Das kleine taube Kind Kathrin aber schleicht sich derweil fort und trommelt um Hilfe. Sie büßt es mit dem Leben, aber durch ihre *Tat* wird die Stadt gerettet.

Am gewichtigsten wohl ist der Einwand des Denkers und Psychologen. So meint Sigmund Freud, Gebet sei die Übernahme eines kindlichen Verhaltens in das Erwachsenenalter. Weil wir die Wirklichkeit nicht aushalten, übertragen wir die Erfahrung kindlicher Geborgenheit auf die ganze Welt: »Der schreckende Eindruck der kindlichen Hilflosigkeit hat das Bedürfnis nach Schutz – Schutz durch Liebe – erweckt, dem der Vater abgeholfen hat, die Erkenntnis von der Fortdauer dieser Hilflosigkeit durchs ganze Leben hat das Festhalten an der Existenz eines – aber nun mächtigeren – Vaters verursacht. Durch das gütige Walten der Vorsehung wird die Angst vor den Gefahren des Lebens beschwichtigt.« Nur diesen letzten Einwand wollen wir aufnehmen: Ist das Gebet eine fromme Illusion?

II. Zur Betrachtung

Was hat das Vaterunser dazu zu sagen? Beginnen wir mit der Bitte, die allen anderen vorangeht: »Dein Name werde geheiligt.« Um zu verstehen, was das heißt, halten wir uns an das Erlebnis des Propheten Jesaja. »Ich sah Gott auf einem hohen und erhabenen Stuhl«, und himmlische Wesen stehen vor ihm und rufen mit gewaltiger Stimme: »Heilig, heilig, heilig ist der Herr der Heerscharen, alle Lande sind seiner Herrlichkeit voll.« Jesaja aber fällt nieder und ruft: »Weh mir, ich vergeh, denn ich bin unreiner Lippen und wohne unter einem Volk von unreinen Lippen.« Was immer es ist, was Jesaja in seiner Vision erfährt, die Erfüllung kindlicher Wünsche nach Geborgenheit ist es jedenfalls nicht. Wenn das Vaterunser mit der Bitte beginnt: »Dein Name werde geheiligt«, dann geht es in diesem Gebet nicht um fromme Tröstung unserer Hilflosigkeit. Worum aber geht es denn? Daß Gottes Name geheiligt wird, so erfährt Jesaja, das ist etwas, was immer schon geschieht: im Himmel, durch die Engel.

Mag einer fragen: Muß man denn mit dem Schwierigsten beginnen, gibt es nicht einen leichteren, verständlicheren Zugang zum Gebet als den, daß wir uns dabei den Engeln im Himmel anschließen? Darauf antworte ich: Nein, gerade wenn Beten nicht nur kindliches Plappern im Erwachsenenalter sein soll, dann müssen wir wie das Vaterunser beginnen mit dem, worum es im letzten geht: und das sind nicht wir selbst, sondern das ist Gott. Gott aber ist nicht einer der zahllosen irdischen Werte, unter denen uns die richtige Wahl so schwerfällt: Besitz, Liebe, Glück, Erfolg. Gott beginnt da, wo alle irdischen Werte enden: Die Bibel nennt das den Himmel. Gott, das ist die Erfahrung, daß alle unsere menschlichen Erfahrungen, Freuden, Leiden, Siege, Niederlagen, Erfolge, Wünsche nicht das letzte sein können. Sonst sind wir schon erledigt, weil all das unvollkommen, begrenzt, endlich ist. Schon der Fortgang des Lebens belehrt uns darüber, wie trügerisch unsere Hoffnungen und Wünsche im allgemeinen sind. Hinterher ist man immer klüger als vorher und weiß, was man sich eigentlich hätte wünschen sollen. Was wir wirklich brauchen, können wir nicht einmal genau benennen, es sei denn wir benennen es: *Gott.* Gott ist das, was wir brauchen, aber nicht haben: Heil, Erfüllung, Rettung. Darum ist dies das erste beim Gebet: die Erfahrung unserer Unvollkommenheit, dessen, was uns fehlt, was wir wirklich brauchen. »Weh mir, ich bin unreiner Lippen«, sagt Jesaja. Diese Erfahrung ist heilsam, weil man die Krankheit nur heilen kann, wenn man sie kennt. Erst wenn wir die Vorläufigkeit aller menschlichen Ziele und Werte erfahren, können wir recht mit ihnen umgehen. Erst dann können wir erkennen, worauf es wirklich ankommt. Not lehrt beten, sagt das Sprichwort. Aber das Gebet zeigt uns auch umgekehrt die Not, zeigt uns, was uns fehlt, worauf es ankommt und worauf wir unser Bitten, Wünschen und Verlangen richten müssen: Nichts Vorläufiges darf absolut gesetzt werden, wir dürfen uns mit nicht weniger zufriedengeben als mit dem endgültigen Heil, mit der Erfüllung; von da aus bestimmt sich der Wert alles übrigen in der Welt. »Mensch, werde wesentlich, denn wenn die Zeit vergeht, so fällt der Zufall weg, das Wesen das besteht« (Angelus Silesius).

Man kann sich natürlich fragen, ob solche Ausrichtung auf Gott, auf das Vollkommene, den Menschen wirklich glücklich macht, wirklich Lebensmut gibt, wie wir es behaupten. Oder erzeugt es nicht vielmehr Entmutigung, ewiges Unerfülltsein, immer erneut die Erfahrung des Jesaja: Weh mir, ich vergehe, ich reiche nicht zu? Besteht nicht die Gefahr, daß wir das uns mögliche kleine Glück einer Illusion von Vollkommenheit opfern? Sollen wir uns nicht lieber bescheiden? Jesu Anleitung zum Lebensmut tut es nicht. Er weiß, daß wir nur Erfüllung finden, wo wir unsere Situation rückhaltlos ernst nehmen. Nicht unsere Ziele, sondern Sein Name werde geheiligt! Die Schau des Jesaja von den »heilig« rufenden Engeln aber sagt: Das Vollkommene ist nicht unerreichbar, nicht unmöglich. Es geschieht immer schon, daß Gottes Name geheiligt wird. Das Heil ist keine unerfüllbare Sehnsucht, es ist immer schon da, und du kannst daran Anteil gewinnen. Gewiß nicht jeder von uns macht die Erfahrung eines Jesaja, aber wo immer wir unsere Unvollkommenheit schmerzlich erfahren, wissen wir um das Vollkommene. Sonst würden wir gar nicht merken, daß wir unvollkommen sind. Gott sagt: »Du suchtest mich nicht, wenn du mich nicht schon gefunden hättest«, weiß Augustin. Und Angelus Silesius sagt es noch gewagter: »Du brauchst nach Gott nicht schreien, der Brunnquell ist in dir – stopfst du den Ausgang nicht, er flösse für und für.« Wie aber bringen wir es fertig, daß der Brunnquell in uns nicht verstopft wird? Wie erfahren wir Gott so, daß das Beten nicht eine schwierige, ja unerreichbare Kunst ist, sondern so natürlich wie das Atmen für den Leib?

III. Hinweise

1. Nicht nur Kinder, sondern auch wir Erwachsenen können erschrecken, wenn wir einen Schatten oder eine Wolke oder einen merkwürdigen Baum im Halbdunkel für eine menschliche Gestalt halten, die uns anblickt. Wie aber ist es, wenn unser ganzes Leben, unsere ganze Wirklichkeitserfahrung plötzlich die Züge eines Gesichtes gewinnt, das uns anblickt und fragt: Wer bist du? Wohin hast du es gebracht? Wohin soll es mit dir noch kommen? Vielleicht sind wir dann nahe bei Jesaja, und auch uns entfährt es: Weh mir, ich vergehe!

2. »Heilig, heilig ist Gott«, singen die Engel. »Alle Lande sind seiner Herrlichkeit voll.« Das soll uns die Augen öffnen für die Kraft und die Macht und die Herrlichkeit dieser Schöpfung, die nur die Menschen zerstören. Das Tor zum Gebet öffnet sich, wenn wir einen Blick dafür gewinnen, wenn wir lernen, das Herrliche, das wir erfahren, zu *loben* – und das kann man lernen: zu loben den sinnreichen Aufbau der Natur, zu loben die Schönheiten der Blumen und der Berge und der Künste, zu loben die vielen Taten, die uns unser Leben bis hierher ermöglicht haben: die Liebe der Eltern, die vielfältige Arbeit der an-

deren Menschen, das kunstvolle System der Gesellschaft, die Zuwendung unserer Nächsten.

3. Solches Loben läßt uns den Mut gewinnen, anzunehmen, daß es mit uns und unserem Leben, trotz allem, was dagegen spricht, zu einem guten Ziele kommt. Das können wir *aussprechen,* das können wir für uns bitten und fordern, selbst wenn wir nicht endgültig wissen, was uns wirklich gut ist. Denn all das, was wir brauchen, ist beschlossen in der ersten Bitte: Dein Name werde bei uns geheiligt, damit wir unser Heil finden.

Die eigene Hoffnung und die der anderen

Die zweite Bitte:

Dein Reich komme.

Biblischer Bezug:

Matthäus 21, 1–9

I. Die Fragestellung

»Das Reich« – daran erinnern sich die Älteren von uns zum Teil mit Sehnsucht und Wehmut, zum Teil mit einer gewissen Bedrückung. Das *Reich,* das hieß einmal: Stärke nach außen, Ordnung und Sicherheit nach innen. Da galt noch die Ehrfurcht vor Sitte und Recht, da war die Mark noch etwas wert und nicht von Schwindsucht bedroht, da waren Kinder und Untergebene noch willig und gehorsam, und nicht rebellisch, da konnte man stolz sein auf die Nation, auf die Herrschaft, der man angehörte. Nicht anders geht es den Alten in England, Frankreich, Spanien. Und doch war dies Reich, das in der Erinnerung so verklärt erscheint, nur ein schwacher Abglanz *des* Reiches, von dem Jahrhunderte geträumt haben, seitdem Konstantin das Christentum zur Staatsreligion gemacht hatte. Eine Kirche, ein Kaiser, ein Gott für alle Menschen, gleiche Gerechtigkeit für alle nach der Natur und nach Gottes Gebot, gleiche Chancen auf ein erfülles Leben für alle. Denn in einem geordneten Reich findet jeder seinen richtigen Platz. Wir können viel leisten, viel aushalten, ja viel opfern, wenn wir wissen, daß alles schon seine

Ordnung und seinen Sinn hat und letztlich gut ausgeht, weil Gott im Regimente sitzt und alles wohl leitet.

Der Traum vom Reich, von der großen Ordnung, in der jeder sein Recht bekommt – das »suum cuique« des Römischen Rechts und des großen Preußischen Ordens –, ist in uns allen lebendig. Sonst würden wir nicht so empfindsam sein, wo wir uns unrecht behandelt glauben. Sonst würde es nicht so schmerzen, wenn wir uns übervorteilt sehen. Es schmerzt viel tiefer als echter Verlust und Schaden unseres Besitzes, wenn wir den Eindruck haben, dabei Unrecht zu leiden. Wer im Osten sein Hab und Gut verlor, weiß das am besten. Auch in den Völkern Europas kann man heute noch spontan Deutschenhaß erleben, wenn daran erinnert wird, wie das große Deutschland die kleinen Nachbarn im Kriege zu Unrecht überfiel.

Der Traum vom Reich, von der gerechten Ordnung aller Dinge, bewegt junge Schwärmer, die nach Revolution und nach einer neuen Gesellschaft verlangen. Aber verborgen bewegt er auch die Politiker und Staatsbürger, die nicht an eine vollkommene Gesellschaft glauben, sonst wäre die unendliche Mühe und Arbeit nicht verständlich, die die führenden Staatsmänner und die Politiker darauf verwenden, gerechte Gesetze und eine stabile Ordnung unseres Lebens mit Chancen für alle herzustellen. Sie kennen keine 40-Stunden-Woche und sie geben oft ihre Gesundheit daran.

Die rechte Ordnung des Zusammenlebens mit dem Mitmenschen ist das elementarste Grundbedürfnis für uns alle, neben dem, daß unser Leben überhaupt Sinn hat. Daran hängen die Chancen für das Gelingen, ob es sich nun um die Sicherung des Arbeitsplatzes und des Einkommens, um die Sicherheit für Leib und Leben, um die Verkehrsordnung, den Umweltschutz oder nur um eine Hausordnung handelt. Alle Welt spricht heute von den Menschenrechten und fordert sie für alle Menschen. Aber entscheidend ist, daß es solche Rechte für den einzelnen nur geben kann, wo eine umgreifende Ordnung, ein Reich, sie garantiert. Nur dann können wir leiblich und seelisch gesund bleiben.

Doch wir sehen, wie die Hoffnung auf solche Ordnung in der Welt mehr und mehr schwindet. Nach dem letzten furchtbaren Kriege verschworen sich die Völker zur Völkergemeinschaft, damit das Schreckliche sich nicht wiederhole. Heute aber sind nicht einmal die revolutionären Staaten mehr einig, sondern bedrohen einander mit Krieg; und wie schwer die Herstellung einer Ordnung ist, wenn nicht Sitte und Herkommen sie tragen, zeigen die neugebildeten Staaten Afrikas, die vielfach in Brudermord und Chaos sinken.

II. Zur Betrachtung

Das Reich scheint ein Grundbedürfnis zu sein, das unerfüllbar bleibt. Hilft da noch der Aufschrei zu Gott: Wenn schon die Reiche der Menschen versagen, so komme *Dein* Reich!? Kann Gottes Reich helfen? Wir erinnern uns des Spötters Lucian, wie er Gott beschreibt, im Himmel sitzend. Von allen Seiten dringen Gebete zu ihm herauf, jedes erbittet den Segen auf Kosten des anderen: Heiliger St. Florian, schon' unser Haus, zünd' andere an. Wie soll Gott das zusammenbringen?

Natürlich ist der Spötter leicht zu widerlegen. Das ist ja gerade das Entscheidende an Gottes Reich, daß es nicht die kleinen Reiche und Egoismen der Menschen bestätigt: »Wir gingen alle in die Irre wie Schafe, ein jeder sah auf seinen Weg.« Sondern Gottes Reich soll gerade eine heilsame Ordnung schaffen, in der jeder seinen Platz, seinen Teil erhält. So haben es schon die Propheten erhofft: Da werden sie die Schwerter zu Pflugscharen schmieden, und Löwe und Lamm werden miteinander spielen. Aber ist das denkbar in dieser Welt? Bleibt es nicht ein Traum? Und kann Tagträumen im Gebet uns etwas nützen?

Wir wollen den Traum vom Reich noch etwas weiter träumen. Wir lesen am Anfang des 21. Kapitels bei Matthäus, wie Jesus in Jerusalem einzieht, auf einem Esel reitend, und die Menschen ihm als dem einziehenden König entgegenjubeln. Alle hochfliegenden Phantasien von Majestät und Macht zerfließen hier vor dem gleichnishaften Handeln eines Menschen. Jesus, der geheilt und gepredigt hat, setzt sich auf einen Esel und reitet in die Stadt ein, und er sagt mit dieser Geste: So kommt Gottes Reich! Es kommt mit seinem Wort, das Verzweifelten Mut gibt; mit einer helfenden Tat, die menschliches Elend lindert; mit seiner Bereitschaft zum Frieden, die unter den Menschen Versöhnung und Gemeinschaft stiftet. Aber können wir vergessen, daß dieser Mann sechs Tage später am Kreuz hängt? Werden so etwa die Probleme der Politiker mit der Weltordnung bewältigt? Ist das nicht erst recht Traum und Flucht vor der Wirklichkeit? Ich behaupte: nein! Eben diesen Traum müssen wir weiter träumen. Danach müssen wir rufen: »Dein Reich komme, dieses Reich komme zu uns.« Denn nur, wo nicht hochfahrende Pläne von Macht und Gewalt, sondern der Geist des Friedens und der grenzenlosen Versöhnung in die Stadt einzieht, nur da kann die Ordnung im kleinsten wie im größten entstehen.

Nicht in Glanz und Gloria, sondern in dem einfachen Tun, wie es Jesus vollzieht, bekommen wir Anteil an der Möglichkeit, selbst das Weltgeschehen mit verändern zu können. Wir können diesen Traum sehr konkret weiterträumen. Wir können den Esel der Demut und Dienstbereitschaft besteigen, wir können einziehen in die Stadt – *hingehen* zu den anderen Menschen, die uns brauchen. Wir können selber sprechen, rufen, bitten, durch ein gutes Wort Frieden stiften, wo es nötig ist. In jedem guten Wort, durch das wir Menschen helfen, Mut machen, Versöhnung bringen, spricht diese Bitte: »Dein Reich komme.«

III. Hinweise

1. Wir als einzelne können mit unserem Bitten und Tun nur einen kleinen Teil bewirken, können nur den Geist des Reiches *gegenwärtig* machen. Allein die umgreifende Macht der Versöhnung und der Sehnsucht nach Frieden, die wir als Gott anrufen, kann dieses Reich für alle bringen.

2. Wo wir uns durch Wort und Tat gegenüber unserem Nächsten auf Gottes Reich ausrichten, wo wir eigene Hoffnungen in Zusammenhang mit den Bedürfnissen unseres Nächsten sehen, da ist dies Reich *schon auf dem Wege,* da kommt es schon. Die Kirchenväter haben gemeint, daß durch das Gebet der Christen diese Welt erhalten werde. Dieser kühne Gedanke verliert das Anmaßende, wenn wir sehen, daß unsere Welt in jedem Augenblick davon weiterlebt, daß es Menschen gibt, die nach Frieden und Versöhnung rufen und sie einander zusprechen.

3. »Dein Reich komme«, diese Bitte an Gott verwirklicht sich in der Bitte an unseren Nächsten, die Paulus so ausgesprochen hat: »So sind wir nun Botschafter an Christi Statt, denn Gott mahnt durch uns; so bitten wir nun an Christi Statt: Laßt euch versöhnen mit Gott!« (2. Korinther 5, 20)

Kraft, eigene Ziele zu überschreiten

Die dritte Bitte:

Dein Wille geschehe.

Biblischer Bezug:

Matthäus 26, 39 und Markus 14, 36

I. Die Fragestellung

Pfingsten, das ist unter den großen Festen des Kirchenjahres die große Willenskundgebung Gottes. Weihnachten, das ist für viele Idylle und Poesie im Stall von Bethlehem. Ostern, das ist die unheimliche Erfahrung am Rande des Grabes, der manche kaum Glauben schenken können: Der Tod ist überwunden! Pfingsten aber, das ist der Machterweis göttlichen Willens. Da ergreift der Geist die Menschen wie Sturmwind und Feuerflammen, da wird gerufen und gepredigt und gesendet: »Tut Buße, gehet hin, sagt das Evangelium aller Kreatur.« Auf den großen Massenveranstaltungen unserer Tage bekommen wir einen schwachen Eindruck davon, welche Begeisterung die Menschen erfaßt haben muß, die von Pfingsten auszogen, einer ganzen ungläubigen Welt das Heil zu verkündigen. Da geschieht offenbar Erfüllung der dritten Bitte, da geschieht Gottes Wille.

Nicht, daß jedermann an Pfingsten das so deutlich und überzeugend erfahren würde. Wo Begeisterung ist, gibt es auch Zweifel. Die Zeugen der Pfingstgeschichte gehören dazu, sie halten die ersten Christen, die hier begeistert auftreten, schlicht für betrunken: »Sie sind voll süßen Weines.« – Ein Vorwurf, der bis heute laut wird: Christen sind Menschen, die sich an großen Worten und Kinderträumen berauschen und die harte Wirklichkeit aus dem Auge verlieren. Was hilft das? Die Antwort kann man bei Kurt Tucholsky lesen, der 1931 an eine Katholikin schrieb: »Ich habe einen Einwand gegen das Christentum: es hat noch nie etwas geholfen. Wie sieht die Geschichte der christlichen, der allerchristlichsten Staaten aus? Bluttriefend. Also? Also ist es nichts, nützt nichts, hilft nichts . . .« Erinnern wir uns auch an die schon erwähnte Szene aus Bert Brechts »Mutter Courage«, in der die Rettung nicht durch die betenden Bauern, sondern durch die Tat des stummen Mädchens Kathrin kommt.

Mehr als andere Bitten des Vaterunsers steht diese im Zwielicht: Dein Wille geschehe – das klingt nach Resignation. Hinter dem Schein frommer Ergebung verbirgt sich vielleicht nur die Feigheit derer, die selbst nichts riskieren wollen, um Rettung zu finden, und sie ängstlich dem lieben Gott überlassen. Dein Wille geschehe – dahinter könnte sich verbergen eine Trägheit des Herzens, die die schlechten Verhältnisse der Welt sein läßt, statt sie zu ändern, wo das geht; ein Schicksalsglaube, der zum Beispiel den Orient Jahrhunderte lang in Schlummer versinken ließ. Für uns in der abendländischen Welt heißt es dagegen: Nicht beten, sondern tun, was nötig ist; nicht Ergebung in ein undurchschautes Schicksal, sondern mündige Verantwortung für diese Welt zur Bewältigung ihrer Probleme.

Wir wissen, daß das alles nicht so stimmt, wie wir früher meinten. Von der ungehemmten Ausbeutung der Güter dieser Erde, von der Bedrohung der Umwelt, aber auch aus der Dritten Welt, in der naturgewachsene Verhältnisse zerstört werden, gibt es fast täglich Schreckensmeldungen über die Folgen, die der hemmungslose Wille, alles zu verändern, hat entstehen lassen. Es gibt wirtschaftliche Ausbeutung, die das uralte biologische Gleichgewicht zerstört – in der Fischerei, in Düngung und Insektenvertilgung – und bei der man heute schon sagen kann: Hätte man das lieber gelassen! Hätte man lieber ein wenig gelassener zu hören versucht auf das, was Mensch und Welt wirklich zum Besten gereicht! Daß *das* geschehe, was diese Schöpfung und unser Leben wirklich erhält, und nicht nur unser oft kurzsichtiges eilfertiges Planen, das ist es, worauf unsere Gedanken, Worte und Werke sich richten, wenn wir beten: Dein Wille geschehe.

II. Zur Betrachtung

Jesus hat diese Bitte »Dein Wille geschehe«, die er im Vaterunser den Jüngern gab, selbst in der entscheidenden Krise seines Lebens gebetet, zu seiner Losung gemacht. Er hat auf einzigartige Weise verdeutlicht, was diese Bitte bewirkt: in Gethsemane. Scheinbar passen die Düsterheit und das Drükkende des nächtlichen Ringens von Gethsemane so wenig zu dem Überschwang von Pfingsten. Und dennoch besteht ein tiefer innerer Zusammenhang. Denn der *Wille,* dem Jesus sich in der Nacht von Gethsemane anbefiehlt, der ist es, der zu Pfingsten die Jünger dazu treibt, vor aller Welt auszurufen, daß Jesu Wort und Weg das Heil ist. Weil Pfingsten geschah, darum haben wir heute ein Vaterunser und können uns der ungezählten Schar derer zugesellen, die Gottes Willen suchen und rufen: Dein Wille geschehe.

Was ergibt sich daraus für unsere Lebensinteressen, für unsere Einübung in Lebensmut? An zwei Beispielen möchte ich das veranschaulichen.

Einmal: *Dein* Wille geschehe, nicht der *meinige.* Gottes Wille umschließt unseren Willen. Jesus sagt: »Mein Vater, ist's möglich, so gehe dieser Kelch an mir vorüber, doch nicht mein Wille, der deinige geschehe.« Das heißt, vor Gott, im Angesicht der letzten Ziele, die wir wollen können, sollen wir uns Klarheit verschaffen, was *wir* wollen, und das auch deutlich aussprechen: Ist's möglich, so gehe dieser Kelch vorüber. Aber *dann* zugleich das *andere.* Wenn wir wissen, was wir wollen, dann sollen wir diesen unseren Willen gleichsam öffnen für die besseren Lösungen und Möglichkeiten Gottes, die wir noch nicht kennen, weil unser Wissen um das Beste auch in unserem eigenen Leben Stückwerk ist: »Dein Wille geschehe.« Ein Naturwissenschaftler sagte mir einmal, wenn er bei einer Versuchsanordnung wirklich vom Willen nach neuer Erfahrung besessen sei, dann hoffe er inbrünstig, daß das Experiment gelingt, aber zugleich empfinde er eine Offenheit gegenüber der Wahrheit, die er nur so aussprechen könne: Nicht mein Wille, der deinige geschehe. Das allein ist der Zugang zum Finden des Rechten.

Aber Jesu Gebet gibt noch einen zweiten Hinweis. Im Vaterunser heißt es bekanntlich: Dein Wille geschehe, wie im Himmel, so auf Erden. »Wie im Himmel«, das bedeutet, es gibt immer schon einen Bereich, wo das wirklich Gute und Rechte geschieht, der Wille Gottes im Himmel. Wenn wir nicht die Gewißheit hätten, daß neben allem Scheußlichen und Bedrohlichen, das wir erfahren, die Mächte des Guten, des Lebens, des Gelingens immer schon am Werke wären, dann könnten wir weder beten noch irgend etwas Gutes und Vernünftiges tun. Jedes vernünftige Werk, das wir beginnen, zeugt von dem Grundvertrauen, daß es überhaupt einen Sinn hat, etwas Gutes anzufangen, weil Gottes Wille im Himmel geschieht: der Wille zum Heil, zum Gelingen, zum Leben. Dieser Wille zum Gelingen soll sich fortsetzen auch in unserer kleinen Umwelt, auch in unserem Alltagstun heute und morgen. Deshalb bitten wir nun: Dein Wille geschehe, wie im Himmel, so auf Erden – hier bei uns, in unserem Haus. Wenn das geschehen soll, dann fordert es allerdings etwas mehr, als daß wir über die richtigen Ziele und Maßnahmen diskutieren oder auch dafür mit Worten beten. Es fordert den ganzen Einsatz der Person. Dein Wille geschehe, das heißt also nicht: »Nun mach man schön, lieber Gott, ich leg mich solange in den Liegestuhl und halt ein Schläfchen«, sondern das heißt, wie Franziskus es ausspricht: Mache mich zum Werkzeug deines Friedens, daß mein Tun, mein Leben und meine Welt deinem Gelingen nähergebracht wird.

So ist Jesus den Weg von Gethsemane gegangen, stellvertretend für die vielen, wie er sagt: Das Weizenkorn muß in die Erde fallen, sonst bleibt's allein, wo es aber erstirbt, bringt es viele Frucht. Pfingsten, das erste Erntefest, zeigt auch die erste

Ernte dieser Saat. Plötzlich sind es viele, die Gottes Heil verkündigen und die bereit sind, ihr Leben für diese Sache stellvertretend einzusetzen, und sie werden abermals – wie eine Saat – viele Frucht bringen: durch die Länder, Völker und Zeiten bis hin zu uns.

Das ist der Wille Gottes, dem Jesus sich in Gethsemane hingegeben hat, daß die einen für die anderen durch ihre Stellvertretung, durch ihre Hingabe zum Heil werden. Denn nur so kann unser Leben gelingen, daß andere für uns stellvertretend da waren, als wir noch nichts konnten, und daß wir für andere da sind. Im Dienen für andere kann unser Leben Sinn finden. Wenn wir rufen: Dein Wille geschehe, so rufen wir, daß dies Leben füreinander, in Stellvertretung, in Fürsorge, die unserem Leben Sinn gibt, stärker unter uns Wirklichkeit werde. Pfingsten aber ist das Fest, an dem wir uns daran erinnern, daß viele vom Geiste Gottes ergriffen wurden, füreinander dazusein, und daß wir auch noch heute diesen Geist empfangen können: Licht, Liebe und Trost, wo wir rufen: Dein Wille geschehe, wie im Himmel, so auf Erden.

III. Hinweise

1. Wissen, was wir wollen, wirklich wollen, das ist die wichtigste Vorbedingung für das Gelingen des Lebens. Das können wir einüben, wenn wir uns darüber klar werden: Was soll überhaupt geschehen, was könnte das erstrebte Ziel für unser Leben und das unserer Nächsten sein, was könnte Gottes Wille sein?

2. Wenn wir formulieren können, was wir selbst wollen, dann sollten wir diesen unseren Willen gleichsam öffnen für die besseren Lösungen und Möglichkeiten Gottes. Es geht um die Kraft, eigene Ziele klar zu erkennen und sie gleichzeitig doch zu überschreiten. Indem wir aussprechen und anstreben, was wir wollen, sollen wir uns doch von allem Eigensinn und aller Kurzsichtigkeit trennen und Gottes Willen anbefehlen – dem besseren, offeneren, weiteren Willen. So wird unser Leben zu einem Suchverhalten: dem Suchen nach den besseren Zielen.

3. Jedes gute und vernünftige Werk, das wir in Verfolgung unserer Ziele beginnen, zeugt von dem Grundvertrauen, das wir offenbar haben: daß es überhaupt einen Sinn hat, etwas Gutes anzufangen. Das aber heißt: Wie im Himmel Gottes Wille schon geschieht – so soll er auch in unsere Alltagswelt heute und morgen hineinwirken und sich durchsetzen.

Mut, das Alltägliche wichtig zu nehmen

Die vierte Bitte:

Unser tägliches Brot gib uns heute.

Biblischer Bezug:

Markus 6, 32–44

I. Die Fragestellung

Die Bitte um das tägliche Brot erscheint wohl als die einfachste und selbstverständlichste im Vaterunser. Manche Familie hatte früher einen Brotteller aus Holz, auf den dieser Spruch geschnitzt war, und noch mancherorts spricht man ihn als Tischgebet, wo beten sonst schon aufgehört hat. Daß Gottes Name geheiligt werden soll, daß sein Reich kommen soll, das sind Bitten, die es mit dem Glauben zu tun haben. *Diese* Bitte aber versteht jeder. Ohne Nahrung, ohne Befriedigung unserer Grundbedürfnisse, ist überhaupt kein Leben möglich. Daß es in unserer Welt leider nicht selbstverständlich ist, keinen Hunger zu leiden, weiß heute jeder, der im Fernsehen die schrecklichen Bilder von Hungernden und Flüchtenden in Afrika und Asien sieht. Aber der Hunger dehnt sich aus, wir sehen die Möglichkeit einer Welthungerkatastrophe vor Augen. Dann ist es wohl einleuchtend, ums tägliche Brot zu bitten – so wie wir als Kinder gelernt haben: »Wir pflügen und wir streuen den Samen auf das Land, doch Segen und Gedeihen, das kommt aus Gottes Hand.«

Aber vielleicht empfindet mancher diese Überlegungen als mißlich. Angesichts der Krise der Wirtschaft und Versorgung in der Welt klingt es etwas seltsam, wenn die Christenheit wie ein Bettler vor der Tür die Hand aufhält und ruft: Unser tägliches Brot gib uns heute. So wird man ja mit den Problemen nicht fertig. Wenn die Kirche »Brot für die Welt« sammelt, dann ist es schon etwas mehr, wenn es auch angesichts des Hungers oft nur wie Tropfen auf den heißen Stein wirkt, was da zusammenkommt. Nötig wäre eine Weltwirtschafts- und Versorgungsordnung, die man planen muß. Ob den Verantwortlichen eine solche Ordnung gelingt, wissen wir noch nicht, und deshalb ist es sinnvoll, Gott darum zu bitten. Aber dieses Gebet ersetzt auch nicht *einen* Gedanken der Planung, es kann höchstens zu ihr ermutigen.

Von dem, was die vierte Bitte meint, sind wir freilich weit abgekommen. Das Vaterunser verliert die heilsame Zukunft der Menschen gewiß nicht aus den Augen, die vierte Bitte aber lautet: *Unser* tägliches Brot gib uns *heute.* Das macht uns aufmerksam auf eine merkwürdige Neigung, uns um alle möglichen Probleme zu kümmern in möglichst entfernten Gegenden der Welt und zu vernachlässigen, was uns selbst und die Erhaltung unseres alltäglichen Lebens betrifft. Fernsehen und Zeitung helfen uns dabei, flugs unseren eigenen Problemen zu entfliehen und uns statt dessen über Probleme an entgegengesetzten Teilen der Welt zu ereifern, für deren Lösung wir kaum ernsthaft herangezogen werden können. Vielleicht liegt es daran, daß es uns zu lange gut gegangen ist, wenn so viele namentlich junge Menschen weit aus dem Fenster schauen und schreien, statt zu überlegen, ob das eigene Haus nicht längst baufällig geworden ist. Die Zunahme des Terrorismus ist vielleicht das erschreckendste Zeichen dafür, wohin es führt, wenn man *so* für die fernsten Ziele einer besseren Welt lebt, daß man dafür unsere gegenwärtige Welt unbedenklich mit Mord und Brand überzieht. Wir haben offenbar zu lange in Ruhe und Sicherheit gelebt und darüber vergessen: Nicht nur das Moralische versteht sich nicht von selbst, *nichts* ist selbstverständlich in dieser unserer von Menschen gemachten Welt, die so zerbrechlich ist wie Porzellan. Was wir brauchen, ist der Mut, das Alltägliche wichtig zu nehmen. Was wir brauchen, ist die rechte Einrichtung unseres alltäglichen Lebens, aus der heraus wir überhaupt die Kraft haben, irgend etwas Vernünftiges zu tun – auch anderen zu helfen mit Brot und dem, was zum gelingenden Leben nötig ist. Das heißt: *unser* täglich Brot.

Zum anderen: Es heißt unser *tägliches,* genauer unser »nötiges« Brot gib uns *heute.* Luther hat das schon so ausgelegt: Brot, das heißt alles, was zur Leibesnahrung und Notdurft gehört. Brot, das ist offensichtlich noch etwas anderes als die 1500 Kalorien, die wir brauchen, oder die 3000, die wir tatsächlich verzehren. Viele Menschen werden zu Fressern, weil sie auch bei ständigem Essen niemals satt werden. Ihr Lebenshunger wird nicht gestillt. Auch wenn sie sich den Magen mit Fleisch, Wurst und Schinken überladen oder mit Alkohol betäuben – das tägliche Brot, das heute nötige Brot fehlt ihnen offenbar. Psychologen haben feine Ausdrücke dafür, und Filmemacher zeigen da gelegentlich in erschreckenden Streifen, wie es den Menschen geht, deren Lebenshunger nicht gestillt wird, weil sie mitten im Überfluß niemals satt sind.

Was ist denn aber das tägliche Brot heute, um das wir uns kümmern, für das wir bitten sollen? Und wo kommt es her? Wir versuchen zu antworten, indem wir die Geschichte der wunderbaren Speisung (Markus 6, 32–44) nacherzählen.

II. Zur Betrachtung

Jesus, so wird erzählt, predigt an einer wüsten Stätte, und die Menschen laufen ihm in großen Scharen von vielen Orten zu. Er hat offenbar etwas, das ihnen fehlt. Sie sind wie die Schafe, die keinen Hirten haben. Was ihnen fehlt, was sie an ihm finden, ist *Orientierung* für das Leben. Alle Sättigung, ja aller Mut, hinzugehen und zu essen in der Hoffnung, daß man satt wird, fängt damit an, daß man eine Orientierung hat. Wer einmal Schafe gesehen hat, die sich verirrt haben und nun wie verrückt blöken und hin- und herlaufen, statt ruhig zu suchen und zu fressen, versteht, was gemeint ist. Daß ich weiß, wo ich hingehöre, daß ich ja sagen kann zu meinem Leben und zu dem heutigen Tag meines Lebens, sei er sonnig oder trübe, stürmisch oder heiter, damit fängt alle Sättigung meines Lebenshungers an. Das ist das tägliche Brot, das uns am meisten nötig ist: daß wir ja sagen können zu unserem Leben, wie es heute ist, daß wir den Sinn in uns selbst und in unserem Leben finden, so wie es heute ist. »Ja, Vater, ja« – so und nicht anders. Danach müssen wir zuerst suchen.

Freilich, dieses Ja zu unserem Leben ist alles andere als selbstverständlich oder sicher. Im Gleichnis unserer Geschichte: Die Menschen, die da so begierig der Predigt lauschen, sind in der *Wüste.* Der Abend kommt schon. Der Hunger und die Not lauern schon vor der Tür – auch heute. Offenbar ist es keine Sicherung gegen den Hunger, daß man bloß zu Jesus läuft. Man kann dadurch erst recht in die Wüste geraten. Wir müssen selbst die Probe machen: Was bedeutet uns Jesus? Ist er wirklich Antwort auf unsere Probleme? Ist er das tägliche Brot?

Und nun erzählt die Geschichte etwas, was für Jünger Jesu und für die Kirche offenbar charakteristisch ist. Die Jünger zweifeln sichtlich selbst, daß Jesus die Menschen sättigen kann: »Da nun der Tag fast um war, traten die Jünger zu Jesus und sprachen: Es ist Wüste hier. Laß sie von dir, daß sie umher gehen in die Dörfer und Märkte und kaufen sich Brot.« Wenn es ernst wird, schicken wir die Leute lieber weg zu den Zukunftsplanern, zu den Psychologen, zu allen möglichen menschlichen Künsten, mit denen man versuchen kann, satt zu werden, das tägliche Brot zu finden. Jesus aber sagt zum Entsetzen seiner Jünger: »Gebt ihr ihnen zu essen.« Das geht sicher nicht nur die Pastoren an – die bestimmt auch –, es geht auch jeden an, der sich Christ nennen will: »Gebt ihr ihnen zu essen, auch wenn ihr nur fünf Brote und zwei Fische habt.«

Wenn irgendwo Lebensmut gezeigt wird, wenn irgendwo zum Lebensmut gerufen wird, dann hier! Wir reden immer gern davon, wie groß die Probleme unserer Zeit sind und wie wenig die Kirche ausrichten kann, wie sehr wir nach neuen Wegen suchen müssen, in die Dörfer und Märkte gehen, um Brot zu kaufen für zweihundert Groschen. Jesus lehrt nicht nur beten: »Unser tägliches Brot gib uns heute«, sondern Jesus sagt nichts anderes als: Nehmt, was ihr habt, erkennt, das ist euer tägliches Brot, und gebt davon zu essen. Fünf Brote, zwei Fische, eine leidliche Schulbildung, einige Ersparnisse, mal ein fröhliches, mal ein verzagtes Herz, aber immer noch Kraft genug, dem nächsten Menschen, dem wir begegnen, ein gutes Wort oder auch nur ein freundliches Lächeln zu geben. Nehmt das und gebt ihnen zu essen. Vor einigen Jahren gab es in süddeutschen Kirchen eine Anzeigenserie mit dem Schlagwort: »Jeder hat ein volles Konto Liebe.« Gehen wir hin und prüfen wir einmal unseren Bankauszug, wie es darum steht: Haben wir unser Konto gut geführt, haben wir gut investiert? Wenn nicht, so ist noch heute Zeit dazu, denn: »Jeder hat ein volles Konto Liebe.«

Unsere Geschichte erzählt, daß die Jünger tun, wie Jesus gesagt hat. Sie »aßen alle und wurden satt«. Es ist offensichtlich, daß die Erzählung keine Erklärung dafür geben kann, wie man mit fünf Broten und zwei Fischen fünftausend Menschen satt machen kann. Sie zeigt aber, wie die Bitte, unser tägliches Brot gib uns heute, erfüllt wird. Die Menschen setzen sich zusammen zu einer Gemeinschaft des Essens und Trinkens. Ein jeder gibt von dem, was er hat, und alle werden satt. Ja, der Bericht hat einen fast übermütigen Schluß: »Und sie hoben auf Brocken, zwölf Körbe voll, und von den Fischen.« Am Ende ist unvergleichlich mehr Essen da, als es am Anfang schien. Das klingt nach Mirakel und Zauberei. Ich meine, es ist ein erstaunlicher Hinweis, das Geheimnis des Alltäglichen, des täglichen Brotes zu erkennen.

III. Hinweise

1. Gottes Schöpfung und unsere Natur ist eine Verschwenderin. Nur der Mensch hat den Geiz erfunden, der uns blind macht für den wahren Überfluß, in dem wir leben. Wenn jeder

von uns auch nur einen Teil der Kräfte, die in ihm schlummern, wecken würde, so würden wir den Überfluß sehen und keinen Mangel mehr leiden. Die Urgemeinde hat es erfahren, wenn sie das Brot brach hin und her in den Häusern. Die fünf Brote und zwei Fische, das kleine Konto an Liebe, das jeder von uns hat, und das große Konto an Phantasie – das reicht vollauf, um uns allen zu geben, was wir als tägliches Brot brauchen: Nahrung und Liebe und Mut.

2. Wenn wir wissen, wozu wir da sind, wenn wir die Kraft erfahren, ja sagen zu können zu uns und unserem Nächsten, zu unseren und seinen Lebensmöglichkeiten, dann reicht das nicht nur für uns selbst. Wenn wir unsere Kräfte wirklich ausschöpfen, dann bleiben noch zwölf Körbe Brocken für die anderen übrig. Darum aber sollten wir Gott bitten: Gib *uns* unser täglich Brot, gib uns *einander* als unser täglich Brot.

3. Wer da bittet, wer ja sagen kann zum heutigen Leben und es einsetzt, der erfährt Sättigung, auch wo davon nichts mehr zu sehen ist. Es heißt: Jesus dankte und brach's und gab's – und wir werden dabei an das Brot beim Abendmahl erinnert. In meiner Münchner Gemeinde wurde ich zu einer Frau gerufen, die an Darmkrebs im letzten Stadium litt. Sie hatte seit langem keine Nahrung mehr aufnehmen können und war zum Skelett abgemagert. Sie verlangte das Abendmahl, und als sie es empfangen hatte, sagte sie: Nun kann ich ruhig und zufrieden sterben. – Unser tägliches Brot ist keine Ration, die wir ängstlich ausrechnen müssen; unser tägliches Brot, das ist die Gabe, die unseren Hunger stillt jeden Tag im Leben und im Sterben.

Mit dem Nächsten auskommen

Die fünfte Bitte:

Vergib uns unsere Schuld,
wie auch wir vergeben unsern Schuldigern.

Biblischer Bezug:

Lukas 7, 36–50

I. Die Fragestellung

Schuld ist eine Angelegenheit, mit der unsere Zeit im Gegensatz zu früheren Zeiten nicht mehr zurechtkommt. Es ist noch nicht lange her, da gab es ein allgemeines moralisches Bewußtsein, nach dem jeder wußte, was er zu tun hatte, und ebenso klar, was er schuldig geblieben war. Oft nahm der Schuldige die Strafe als gerecht hin. Unsere Zeit ist darin unsicher geworden. Dafür nur zwei Beispiele:

Erstes Beispiel: Ein hoher Beamter leidet plötzlich an Schlaflosigkeit und unerklärlichen Angstzuständen. Kein äußerer Grund ist erkennbar: Familie in Ordnung, berufliche Pflichterfüllung korrekt. Trotzdem wird er unfähig, zu arbeiten. Eine psychologische Behandlung fördert schließlich zutage: Er hat vor einiger Zeit seine Mutter bewegt, in ein Altersheim zu gehen. Verdrängte Schuldgefühle machen ihn krank, obwohl ihm das Ganze unbewußt geblieben war, obwohl er sich äußerlich nichts vorzuwerfen hatte, denn jene Maßnahme war vernünftig gewesen. Hatte er Schuld?

Zweites Beispiel, geschehen im Mai 1977: Südmolukkische Terroristen in Holland nehmen unbeteiligte Menschen als Geiseln. Sie haben ihre Heimat verloren und wollen die politischen Mächte erpressen. Nach langem Zögern entschließt sich die Regierung zu gewaltsamer Befreiung. Mehrere Geiseln müssen sterben. Wir alle haben wohl mit Erregung an diesen Vorgängen teilgenommen und nach Gerechtigkeit gerufen. Aber wer hatte nun Schuld? Natürlich die Terroristen! Aber wir sehen alle, daß damit die Schuldfrage noch nicht gelöst ist. Ich will diese Fragen nicht weiter untersuchen, kann es hier gar nicht. Nur dies sollen die Beispiele zeigen: Wir können nicht mehr so schlicht und sicher Schuld zumessen wie frühere Zeiten. Schuldvorwürfe gehen hin und her.

Schuld kann da vorliegen, wo man sich keiner Schuld bewußt ist. Auch wenn man die Schuld wegerklärt, so bleiben doch Angst und Krankheit oft genug zurück. In unserer Jugend, besonders der akademischen, gibt es einen merkwürdigen Zusammenhang zwischen dem Anwachsen der Angst und der Kritik an Gesellschaft, Lehrern, Staat, Politik, den Schuldvorwürfen gegen jedermann. Gewiß wird nicht jede Angst auf verdrängte Schuld zurückzuführen, nicht jede Kritik nur eine Projektion unseres eigenen Versagens sein. Dennoch ist das Zunehmen der Angst bedrohlich. Denn Schuld kann man erkennen und tilgen. Gegen die Angst ist man machtlos, weil sie oft unbestimmt bleibt, weil sie kein Gesicht hat. Der überwiegende Teil der jungen Menschen und viele Ältere leiden heute an allgemeinem Unbehagen und Unzufriedenheit mit dem Leben, an Kontaktlosigkeit, an Unfähigkeit, sich zu freuen. Da ist es wohl verständlich, daß sie nach Schuldigen suchen, eben um der Lebensangst ein Gesicht zu geben: die Leistungsgesellschaft mit ihren Forderungen, die Unsicherheit der Zukunft, die Ungerechtigkeit in der Welt. Nur helfen dieses Suchen und die Vorwürfe gegen jedermann überhaupt nicht, sondern machen den, der so anklagt, nur noch mutloser, kontaktloser. So zeigt sich kein Weg, mit dem Leben fertig zu werden. Rätselhaft bleibt, warum andere Zeiten, denen es äußerlich noch unsicherer und schlechter ging, dennoch Mut und Lebensfreude aufgebracht haben. Wenn wir fragen, ob aus dieser Situation ein Ausweg sichtbar wird, stoßen wir wieder auf das Problem der Schuld, mit dem es die fünfte Bitte des Vaterunsers zu tun hat. Wer von Schuld reden kann, hat offenbar jedenfalls einen Ansatz, kann einen ersten Schritt tun aus der Misere heraus. Allerdings stellen sich für uns dann zwei Fragen: Wie kann man Schuld erkennen? Wie kann man Schuld tilgen?

II. Zur Betrachtung

Eine Antwort versuchen wir, indem wir wiederum ein Bild, eine Geschichte betrachten, gewissermaßen als ein Gleichnis für das Problem der Schuld: die Geschichte von der großen Sünderin (Lukas 7, 36–50).

Zugegeben, diese Geschichte ist denkbar fern von unseren eigenen Verhältnissen. Wir würden es zwar auch nicht schätzen, wenn jemand aus dem Gewerbe der käuflichen Liebe in unsere gute Gesellschaft eindränge, aber wir würden vermutlich nicht von einer öffentlichen Sünderin, sondern eher von gestörten Sozialproblemen und menschlicher Schwäche reden. Aber nicht dies, sondern die elementare Frage nach dem Gelingen menschlichen Lebens soll uns bei dieser Frage beschäftigen.

Jesus, so wird berichtet, ist bei einem frommen Pharisäer zu Gast, und eine Dirne kommt herein, tritt zu ihm, weint, salbt ihm die Füße. Der fromme Gastgeber ärgert sich darüber. Jesus aber kommt zu dem Urteil: »Ihr sind viele Sünden vergeben, denn sie hat viel geliebt; welchem aber wenig vergeben wird, der liebt wenig.« Was immer wir über die fremdländische Situation und ihre Sitten denken mögen, entscheidend ist, was die Geschichte zur Lösung unserer Frage beiträgt.

Wie kann man Schuld erkennen? Wie kann man Schuld tilgen? Soviel ist deutlich: *Schuld erkennen heißt bei sich selbst anfangen.* Diese Frau bereut ihre Situation, das zeigen ihre Tränen und Gesten, das heißt aber: Sie sieht ihre Situation als Schuld, als *Defizit* gegenüber dem Leben, das sie selbst wünscht. Wie erkennt sie nun die Schuld? Jesu Wort und Jesu

50 Pfg.

An den
Kreuz Verlag
Erich Breitsohl GmbH & Co. KG
Postfach 80 06 69

7000 Stuttgart 80

Ich interessiere mich besonders für Literatur zu diesen Themen:

- ☐ **Theologie**
- ☐ **Psychologie**
- ☐ **Pädagogik**
- ☐ **Glauben und Leben**
- ☐ **Bücher über Tod und Sterben**

☐ Ich bitte um eine einmalige Information

☐ Ich bitte um regelmäßige Informationen

Weise, mit Menschen umzugehen, wird in ihr Herz gedrungen sein. Entscheidend aber ist: Sie sucht die Schuld bei sich selbst. Sie stellt keine Theorie auf über die Gesellschaft: Vielleicht hatte sie schlechte Eltern, ist in fragwürdigem Milieu aufgewachsen, wußte ihren Lebensunterhalt nicht anders zu gewinnen, da fiel sie den Männern in die Hände, die Geld haben,die sie verführt haben. All das mag stimmen, ist aber nicht entscheidend. Wichtig ist allein, daß man mit der Schuldsuche bei sich selber anfängt. Natürlich sind andere mit schuld gewesen an meiner Situation. Aber wenn ich nicht meine Schuld als *erste* und für mich zunächst *einzig wichtige* erkenne, dann erkenne ich eben überhaupt keine Schuld, sondern nur Mißstände. Alle Schulderkenntnis fängt bei mir selbst an. Das Vaterunser sagt nicht: »Vergib die unermeßliche Schuld der Gesellschaft und darum auch den kleinen Anteil, den wir daran haben«, sondern es sagt genau umgekehrt: »Vergib uns *unsere* Schuld, wie wir vergeben unsern Schuldigern.«

Wie kann man Schuld erkennen? Wie kann man Schuld tilgen? Darüber erfahren wir zweitens: *Schuld erkennen heißt sich demütigen.* Das Salben und Küssen der Füße mag uns fremd berühren. Man hat aber oft darauf hingewiesen, wie peinlich es nicht nur für den Gastgeber, sondern für die Frau sein muß, in diese fromme Gesellschaft einzudringen, weil sie offenbar keine andere Gelegenheit findet, Jesus zu sehen. Entscheidend ist, daß diese Frau, nachdem sie das Unbefriedigende ihrer Situation erkannt hat, sich nicht ziert, nicht schämt, nicht bei Vorurteilen aufhält, das liebe, wenn auch so elende Ich nicht noch verschont und verhätschelt, sondern sozusagen ohne Rücksicht auf Verluste dorthin eilt, wo Hilfe zu finden ist. Wenn man die Verfehlungen, das Defizit des eigenen Lebens erkannt hat, dann hilft nur dies eine: dieses Defizit dort offenzulegen, wo man Hilfe erwarten kann, und nach dieser Hilfe wirklich zu verlangen. Demut heißt also nicht besondere Selbsterniedrigung, sondern schlichte Sachlichkeit im Umgang mit unseren Fehlern, unserer Schuld. Es ist schon merkwürdig genug, wie schwer unserem Selbstbewußtsein diese Sachlichkeit fällt, uns zu unseren Mängeln ohne Rücksicht dort zu bekennen, wo ihnen abgeholfen werden kann. Die Ausrede, wir fänden eine solche Gelegenheit nicht, zieht nicht. Auch für diese Frau ist es eher unwahrscheinlich, daß sie in der feinen Gesellschaft des Pharisäers durch ihr seltsames Gebaren Hilfe findet. Aber sie hat eben die *Demut,* das heißt jene besondere Form von *Mut,* die uns hilft, unseren Fehlern und Defiziten gegenüber sachlich und ehrlich zu sein und schlicht das Nötige zu tun, damit die Schuld getilgt, damit unser Leben heil wird. Zu dieser Demut, zu diesem Mut fordert das Vaterunser auf: »Vergib uns unsere Schuld, wie wir vergeben unseren Schuldigern.«

Freilich, damit stellt sich drittens in ganzer Schärfe die Frage: Kann Mut, die Schuld bei sich selbst zu erkennen, auch die Schuld tilgen? Wir können bisher nur sagen: Ohne daß Schuld erkannt wird, wird sie auch nicht getilgt. Aber wir können nicht sagen, daß da gleichsam eine Automatik vorliegt: Schuld, die erkannt werde, bereut werde, sei damit auch getilgt. Weder die moderne Seelenkunde noch unsere Geschichte behauptet eine solche Automatik. Die Frau kann ihre Schuld wohl erkennen und bereuen, aber nicht sich selbst vergeben – *das* tut Jesus, und Jesus sagt: Das tut Gott. Einen Beweis dafür können wir nicht liefern, sondern nur uns mit unserer Schuld Gott preisgeben: »Vergib uns unsere Schuld, wie wir vergeben unseren Schuldigern.«

Zwar gibt es keinen Beweis, aber doch ein Zeichen dafür, wie Schuld überwunden und getilgt wird: Der Mut, daran zu glauben, daß Schuld getilgt wird, hat es offenbar damit zu tun, daß wir andere Menschen genauso behandeln, wie wir selbst behandelt werden möchten. Das Vaterunser sagt eben: Vergib uns unsere Schuld, wie wir vergeben. Dies, daß wir selber fähig werden, *die Schuld anderer zu vergeben,* sagt uns etwas über *die Tilgung der eigenen Schuld.* In unserer Geschichte kommt das freilich nur indirekt zum Ausdruck: Das Weib bereut ihre Schuld, sie rechnet nicht etwa die Schuld der feinen Gesellschaft ihrer Stadt gegen ihre eigene auf. Das heißt doch offenbar, sie ist bereit, zu vergeben, wie ihr vergeben wird. Anders offenbar der Pharisäer: Er rechnet seinen moralischen Besitzstand gegen den der Frau auf, und darum trifft ihn das Wort: Welchem aber wenig vergeben wird, der liebt wenig. An unserer Bereitschaft, erkannte und benannte Schuld zu vergeben, können wir erfahren, daß unsere eigene Schuld vergeben ist. Nur wer bereit ist, mit seinem Nächsten, mit anderen Menschen, mit der ganzen Gesellschaft nach demselben Maßstab zu leben: Schuld wird erkannt, benannt und vergeben werden – der gewinnt selbst den Mut, mit seiner erkannten Schuld, seinem Defizit zu leben, ja zu glauben, daß es getilgt ist. Das eigene Tun vergewissert uns dessen.

Das klingt alles so großartig, weil wir die Worte Schuld und Sünde verdrängt haben und statt dessen platter mit Unbehagen, Angst und Vorwürfen gegenüber Welt und Gesellschaft leben müssen. In Wahrheit liegt hier die einfachste und realistischste Weise, mit unserem Nächsten und der Gesellschaft auszukommen. Wer sein Defizit einsieht und weiß, daß auch der andere es hat, der weiß, daß wir alle weder kleine Herrgötter noch Engel sind, die die Welt verklagen könnten, sondern wir alle leben davon, daß allen vergeben wird. Das aber ist das Geheimnis der *Lebensfreude.* Freuen kann sich, wer die eigenen Grenzen eingesteht und weiß, daß er darin angenommen ist, weil er auch andere annimmt. Da erwächst Unabhängigkeit im Umgang mit anderen Menschen und die Fähigkeit, mit ihnen auszukommen. So offenbart gerade die fünfte Bitte des Vaterunsers: »Vergib uns unsere Schuld« das Geheimnis aller Lebensfreude, der Freude, von dem, was uns bedrückt und belastet, frei zu werden.

III. Hinweise

1. Schuld erkennen heißt bei sich selbst anfangen. Auch wenn andere Menschen mit an unserer Situation schuld sind, so gilt: Wenn ich nicht meine Schuld als erste und für mich zunächst einzig wichtige erkenne, dann erkenne ich überhaupt keine Schuld, sondern nur Mißstände.

2. Schuld erkennen fordert Demut, Mut zur Ehrlichkeit mit

uns selbst, Mut, uns helfen zu lassen. Erst wenn wir an der Vergebung unserer Schuld interessiert sind, dann kann die Schuld anderer auf angemessene Weise in unser Gesichtsfeld treten: als dasjenige, was wir zu vergeben haben.

3. Daß erkannte Schuld wirklich getilgt ist, das kann sich daran erweisen, daß wir andere Menschen so behandeln, wie wir selbst behandelt werden möchten. Das heißt: nicht einander jeweils die Rechnung aufmachen, sondern bereit sein, der Abrechnung in Liebe zuvorzukommen.

Mit den eigenen Antrieben fertig werden

Die sechste Bitte:

Führe uns nicht in Versuchung.

Biblischer Bezug:

Matthäus 4, 1–11

I. Die Fragestellung

Versuchung, was ist das? Da gehen unsere Gedanken unwillkürlich in eine ganz bestimmte Richtung. Das Wort Versuchung hat eine ähnliche Entwertung und Verengung erfahren wie die Worte: Sünde, Sittlichkeit und Tugend. Wir denken an Eva, die in verlockender Gestalt dem Adam den Apfel darbietet. Die heutige Eva, die uns von den Plakaten anlächelt, verlockt höchstens mit einer Seife, einem Sonnenöl oder neuerdings einer nikotinarmen Zigarette. Was Versuchung für das menschliche Leben bedeutet, erfahren wir kaum hier, auch nur schwer in der dunklen und abgründigen Paradiesgeschichte der Bibel. Wir haben es aber alle einmal erfahren, hell und klar und durchaus einleuchtend: in den Märchen der Kinderzeit. Rotkäppchen und der Wolf. Das Kind mit rotem Mützchen und Körbchen vor dem scheinbar so lieben Tier stehend, unschlüssig. Die Mutter sagt: Gehe nicht vom Wege! Aber die Blumen sind so schön, und Großmutter wird sich gewiß freuen. Da zeigt sich Versuchung in ihrer eigentlichen Gestalt: wo äußerlich nichts Böses zu sehen ist, nur guter Wille; die liebliche Stimme des Versuchers führt vom rechten Wege ab, und der kleine Mensch läuft in bester Absicht in die Irre, ins Unheil. Das versteht jedes Kind, und noch jeder Erwachsene muß zustimmen, auch wenn es wie ein Märchen klingt: So ist das im Leben. Noch deutlicher zeigt das Märchen Hänsel und Gretel uns die Situation: Die Eltern können uns eines Tages nicht mehr ernähren; wir werden in dem Wald menschlicher Antriebe und Möglichkeiten allein gelassen. Das Knusperhaus, das uns Geborgenheit und Sättigung verspricht, wird in Wahrheit zum Gefängnis, in dem wir nicht mehr wir selbst sein dürfen, wo wir eines Tages aufgefressen werden, wenn wir nur fett genug sind durch unsere Gelüste, durch den Beruf, durch falsche Lebensziele, durch ein verirrtes Leben.

Vor mehr als einem Jahrzehnt erschien in Amerika ein aufsehenerregendes Buch von V. Packard, das auch in deutscher Übersetzung als Taschenbuch vorliegt, betitelt: »Die geheimen Verführer«. Da wird geschildert, wie der Mensch in unserer Gesellschaft von Kind an durch die Werbung wie an einem Gängelband geführt, verführt wird. Schon Kinder wollen nur die Marmelade, die das Fernsehen empfiehlt, und die Mutter darf nur das Spülmittel benutzen, das ihr Fernsehgewissen lobt und nicht tadelt. Das alles klingt lächerlich, ist aber viel weniger harmlos, als es klingt. Denn alle diese Werbung dient dazu, uns zu verlocken, unsere Antriebe gefangenzunehmen. Daß uns dabei das Geld aus der Tasche gezogen wird, ist noch das kleinste Übel. Das größere besteht darin, daß man uns vorgaukelt: Wir wären schick sportlich, wenn wir eine bestimmte Zigarette rauchen; wären zärtliche Liebhaber, wenn wir ein bestimmtes Parfüm schenkten; perfekte Gastgeber, wenn wir einen bestimmten Sekt oder Kaffee verwenden – in summa: Unser Leben wäre gelungen, wenn wir dieses Waschmittel oder jene Zahnpasta oder Margarine verwenden.

Wir wollen nicht übertreiben, aber *das* sind Rotkäppchens Blümchen am Wege, und daß wir vom Weg abkommen, zeigt sich, wenn wir unglücklich werden, weil dieses oder jenes Konsumgut uns fehlt. Oft genug werden die eigentlichen Lebensaufgaben verfehlt: unseren Kindern Zeit zur Erziehung zu widmen, mit dem Ehepartner ins reine zu kommen, die alten Eltern nicht zu vergessen – nur weil das neue Auto, das bessere Eigenheim, oder was es sei, unsere Antriebe gefangengenommen hat. Denn das ist allem Reden über Versuchung gemeinsam: Die Versuchung ist ganz unsichtbar. Sie ist kein Wesen mit Hörnern und Krallen, sondern es sind lauter angenehme Dinge: Blumen, ein lieber Wolf, ein schönes Pfefferkuchenhaus. Auch dies ist aller Versuchung gemeinsam, daß sie unsere Triebe und Antriebe gefangennimmt, und das ist zunächst ein angenehmes Gefühl. Jeder weiß, wie schwer es ist, mit den eigenen Antrieben, Gefühlen, Launen fertig zu werden, wie ohnmächtig der gute Wille dabei ist. Daß es *Versuchung* war, zeigt sich, wie im Märchen, leider erst, wenn es zu spät ist, wenn die Großmutter gefressen ist und Hänsel im Käfig sitzt, wenn das Leben Schiffbruch erleidet oder in eine Krise gerät. Wenn man entdeckt, wie überall die Versuchung lauert, wie wenig wir davon merken, wie schwer es ist, auf dem rechten Kurs zu bleiben, dann wird uns vielleicht verständlich, daß die Bitte des Vaterunsers eine der wichtigsten ist: »Führe uns nicht in Versuchung.« Fast das einzige, wovon wir Hilfe erwarten können, ist, daß Gott selbst uns bewahrt.

Das klingt freilich so, als sagten wir: »Da hilft nur noch beten, da kann man gar nichts tun.« In der Tat, wenn wir betrachten, wie sehr unser Wille abhängig ist von Antrieben, über die wir so wenig verfügen wie der Segler über den Wind, dann können wir unsere Hoffnung nur darauf setzen, daß wir recht geführt werden, und darum bitten. Aber wie der Segler nicht hilflos Wind und Wellen preisgegeben ist, so können auch wir Zeichen erkennen und Manöver lernen, durch die man der Versuchung begegnen kann.

II. Zur Betrachtung

Nehmen wir als großes Beispiel die Geschichte der Versuchung Jesu (Matthäus 4, 1–11). Jesus, so heißt es, hat in der Wüste 40 Tage gefastet, und es hungert ihn. Da tritt der Versucher zu ihm und sagt: Bist du Gottes Sohn, so sprich, daß diese Steine Brot werden. – Wir wissen nicht, ob Jesus dies Wunder hätte tun können, wir können es gewiß nicht. Aber dies lehrt die Geschichte: Es gibt Lebenslagen, da wir zu verschmachten meinen, und da mag uns der Versucher vorgaukeln, daß auch schon die Steine, die Wüste uns zu Brot, zur Nahrung, zur Stillung unseres Lebenshungers werden könnten. Dies sollen wir lernen: auch im größten Lebenshunger niemals Steine für Brot zu nehmen, niemals Ersatzbefriedigungen aller Art, Alkohol oder auch leere fromme Sprüche, für das zu halten, was unser Leben erfüllt, sondern unsere Wüste, unsere Lage, unsere Krise so ernst zu nehmen, wie sie wirklich ist, und auf Gott zu hoffen, der uns hinausführen kann.

Zum zweiten führt der Versucher Jesus auf die Zinne des Tempels und spricht: Bist du Gottes Sohn, so spring hinab, denn es steht geschrieben: »Er hat seinen Engeln befohlen über dir.« Die Versuchung, die uns alle wohl am ehesten befällt, ist die, unsere Kräfte für zu groß zu halten. Wir werden erzogen, uns für die Besten, die Tüchtigsten zu halten, uns das Höchste abzuverlangen: eine geachtete Stellung, ja das Heil selbst zu schaffen. Filmstars und Krimihelden gaukeln uns den Erfolgsmenschen vor, der nie versagt. Aber Lebenskrisen befallen einen nach dem anderen, weil dies Trugbild nicht stimmt, weil wir nicht erreichten, was wir uns wünschten. Gott nicht zu versuchen, das heißt: nicht sinnlos hohe Ziele zu stecken, vor denen wir versagen müssen, weil dann auch unser Vertrauen zerbricht. Was man heute als Utopie bezeichnet und für eine wichtige Zielvorstellung der Gesellschaft hält, so meine ich, sei auch sinnlos hohes Ziel. Nur was realisierbar ist, im Menschen angelegt, das kann man von ihm verlangen. »Führe uns nicht in Versuchung«, das heißt: Zeig uns die Ziele, laß uns die Ziele finden, die unseren Kräften angemessen sind.

Schließlich, zum dritten, führt der Versucher Jesus auf einen hohen Berg, zeigt ihm den Reichtum der Welt und sagt: Das alles will ich dir geben, wenn du niederfällst und mich anbetest. Gibt es auch für uns den hohen Berg, auf den der Versucher uns führt? Ich meine: ja. Dieser Berg ist das liebe Ich, wenn man es zum Mittel- und Zielpunkt der ganzen Welt macht und alle Herrlichkeit der Welt nur von sich aus und auf sich hin betrachtet. Gewiß sind wir nicht Herren der Welt. Aber wir gebärden uns ganz so, wenn wir alles in unserer Welt nur um das liebe Ich kreisen lassen. Das ist die Versuchung, der fast jeder erliegt. Es gibt einen Kanon, der singt: »Die Menschen sind schlecht, sie denken an sich, nur ich denk an mich.« Wir sind ständig in der Versuchung, uns selbst zum letzten Ziel zu machen, die ganze Welt, die wir erfahren, gewissermaßen in uns hineinzuziehen.

Jesus sagt gegenüber dieser Versuchung: Du sollst Gott, den Herrn, anbeten und ihm allein dienen. Gott, nicht wir selbst sollen das letzte Ziel der Welt sein. Gott ist, was wir nicht sind. Gott ist die Grenze unseres Vermögens, die wir brauchen, um menschlich bleiben zu können. Nicht selber kleine Schöpfer und Herren sollen wir spielen; das ist die Versuchung, mit der wir Leben und Weg verlieren.

Die Wüste, in der wir leben, wollen wir Wüste bleiben lassen – jede Illusion macht uns unglücklich. Der Überschätzung der eigenen Kräfte sollten wir den Abschied geben, denn jeder Mißerfolg macht uns mutloser. Die Wahnvorstellung, wir könnten uns zum Mittelpunkt der Welt setzen, wollen wir zerschlagen, denn sie führt ins Scheitern. Aufmerksamkeit ist nötig, denn der Schritt vom Wege ab ist so leicht und harmlos, und unsere Antriebe flüstern uns immer wieder zu: Nur ein paar Blumen für die Großmutter pflücken wie Rotkäppchen! Diese Stimme wollen wir übertönen, unsere Situation nüchtern einschätzen und rufen: »Führe uns nicht in Versuchung.«

III. Hinweise

1. Abwehr von »Versuchung« beginnt damit, daß wir bereit werden, unser Leben, seine Wünsche, Bedürfnisse, Entbehrungen so nüchtern anzunehmen, wie sie wirklich sind. Sind wir geneigt, in unserem Lebenshunger Steine für Brot zu nehmen? Welche Bedeutung spielen für uns Ersatzbefriedigungen, Rauschmittel oder auch leere fromme Sprüche? Sind sie das, was unser Leben erfüllen könnte, oder verdecken sie uns unsere letzte und eigentliche Bedürftigkeit?

2. Gott nicht zu versuchen heißt: nicht sinnlos hohe Ziele zu stecken. Sind unsere Ziele unseren Kräften angemessen? Sind wir Perfektionisten? Haben wir ein unangemessenes Vollkommenheitsstreben? Dienen uns unsere Ideale dazu, die Welt zu verwerfen, wie sie ist?

3. Sind wir versucht, uns selbst als Mittelpunkt der Welt zu sehen, unsere Welt in uns hineinzuziehen – oder sind wir bereit, den kleinen Platz einzunehmen, den uns Gottes Welt zuweist, und dort das Unsere zu tun?

Angewiesen auf Hilfe

Die siebte Bitte:

Erlöse uns von dem Bösen.

Biblischer Bezug:

Matthäus 9, 2–8

I. Die Fragestellung

»Einübung in Lebensmut« ist das Ziel, das wir in den vorangegangenen Abschnitten vor Augen gehabt haben. Die einzelnen Bitten des Vaterunsers haben wir als Hinweise auf Schwachstellen in unserer Lebensführung betrachtet und gleichzeitig als Hinweis auf ebenso viele Übungen, mit den Schwierigkeiten in unserem Leben fertigzuwerden, Hilfe zu finden, Kraft zu gewinnen, indem wir beim Namen nennen, was uns fehlt und was wir brauchen.

»Dein Name werde geheiligt« – diese Bitte erinnerte uns an die Schwierigkeit, im Trubel unseres Lebens zwischen dem wirklich Wichtigen und dem Unwichtigen zu unterscheiden, und die Übung dazu lautet: Wir müssen lernen, das zu loben, was uns immer schon trägt bis zu diesem Augenblick. Das macht Mut!

»Dein Reich komme« – diese Bitte erinnerte uns daran, daß wir es allein nicht schaffen, daß wir eine Ordnung brauchen, in der jeder seinen Platz findet, und die Übung dazu lautet: In der Hoffnung auf den ewigen Frieden können wir uns dem Nächsten zuwenden, wir werden überrascht sein über den Erfolg.

»Dein Wille geschehe« – diese Bitte erinnert uns daran, wie schwer es ist, die eigenen Wünsche den großen Zielen des Lebens zu opfern, und die Übung dazu lautet: Sich für das Heil anderer einzusetzen, das macht uns selbst stark.

»Unser tägliches Brot gib uns heute« – diese Bitte erinnerte uns daran, daß es uns schwächt, mit unseren Träumen und Wünschen in unerreichbare Fernen zu schweifen, und die Übung lautet: Gib anderen zu essen von den fünf Broten und zwei Fischen, die du immer schon hast, und du wirst staunen, in welchem Überfluß du lebst.

»Vergib uns unsere Schuld« – diese Bitte zeigte uns, was uns vor allem mutlos macht: daß wir immer schon etwas schuldig geblieben sind, und die Übung lautet: Gib das ehrlich zu und lebe mit anderen Menschen nicht in der Weise des kleinlichen Rechnens, sondern des großmütigen Schenkens. Das gibt die Gewißheit: Auch dir wird ein neuer Anfang geschenkt werden.

»Führe uns nicht in Versuchung« – diese Bitte zeigte uns, daß fast jeder Wunsch und jede Tat uns vom rechten Wege abführen kann, und die Übung lautet: Hüte dich vor allem vor sinnlos hohen Zielen, vor dem Vollkommenheitstick, der uns allen anerzogen wird, als könnten wir wie kleine Herrgötter die ganze Welt verbessern; nimm die Dinge um dich herum an, wie du nun einmal bist, und laß Gott Gott sein.

Gott, das ist der Ausdruck für die Gewißheit: Nicht wir selbst sind die Schöpfer unseres Heils. »So liegt es nun nicht an jemandes Wollen oder Laufen, sondern an Gottes Erbarmen (Römer 9, 16). Diese Schwachstellen in unserem Leben zu erkennen, diese Übungen zu vollziehen, das heißt recht das Vaterunser beten, das heißt Einübung in Lebensmut.

Die letzte Bitte faßt das alles noch einmal zusammen: »Erlöse uns von dem Bösen.« Das zeigt uns nicht eine weitere Schwachstelle, sondern faßt sie alle noch einmal zusammen. Das Böse, das ist eben das, was uns bedrängt: Versuchung, Schuld, Hunger, Unordnung, Orientierungslosigkeit. Aber dies alles werden wir nicht von selbst los. Das werden wir *los* nur, wenn wir *gelöst,* wenn wir *erlöst* werden.

Da stehen wir noch einmal am Scheidewege. Alle Lebenslehren unserer Zeit laufen auf den Satz hinaus: Nur du selbst kannst das Gelingen deines Lebens schaffen. Denk nicht, es gäbe einen lieben Gott, der sich mit Bitten bestechen läßt. Hilf dir selbst, dann hilft dir Gott. Hilf dir selbst: *das* ist dein Gott. Oder wie Maria von Ebner-Eschenbach sagt: »Wenn es einen Glauben gibt, der Berge versetzen kann, so ist es der Glaube an die eigene Kraft.« Noch einmal hören wir den Spötter Lucian: Wie soll Gott wohl alle menschlichen Wünsche zusammenbringen? Und den Prediger Bert Brecht: Nicht *Beten*, sondern *Tun* hilft im Elend des Menschen. Erlösung durch ein höheres Wesen und das Böse, von dem wir uns nicht selbst befreien können, das sind dann die Kinderträume, von denen wir frei werden müssen. Für Kinder sind ihre Eltern allerdings die allmächtigen Helfer. Aber es scheint kindisch, wenn Erwachsene dies Verhalten auf die ganze Welt übertragen und statt zum Vater nun zu einem Gott rufen.

Hier müssen wir nun noch einmal genau aufmerken: Das, was wir Beten und Einübung in Lebensmut genannt haben, gilt es zu unterscheiden von einem kindlichen oder gar kindischen Verhalten, das meint, wir könnten ein höheres Wesen durch unsere Bitten zur Erfüllung unserer Wünsche bewegen. Die Einwände gegen das Gebet kommen von zwei Seiten. Die einen sagen: Beten ist *Unsinn;* Erlösung gibt es überhaupt nicht, denn Menschen sind Lebewesen wie alle anderen, sterblich und mit begrenztem Verstand ausgestattet, und das Böse ist nur die Unvollkommenheit unserer Triebnatur. Unser ganzes Unglück ist es dann, daß wir mehr sein wollen als die Tiere. Nicht Gebet, sondern Resignation, Einsicht in unser Wesen, Bescheidung ist unser bestes Teil. So denken etwa die Verhaltensforscher.

Die anderen sagen: Beten ist *Feigheit;* Erlösung kann der Mensch sich nur selber schaffen, indem er die Welt und Gesellschaft so verbessert, daß es kein Böses mehr gibt. Nicht Gebet, sondern Veränderung der Verhaltensweisen und des Bestehenden, das ist dann die Lösung. Der christliche Glaube und sein Gebet, sein Lebensmut, das ist wie ein dritter Weg zwischen diesen Wegen des Unglaubens zur Rechten und zur Linken, zwischen Resignation und Übermut.

II. Zur Betrachtung

Wir versuchen diesen dritten Weg zu zeigen, indem wir noch einmal eine biblische Geschichte bedenken: die von der Heilung des Gichtbrüchigen (Matthäus 9, 2–8). Menschen bringen einen Mann, der infolge der Gicht nicht mehr laufen kann, sondern bettlägerig ist, zu Jesus. Was immer sie von Jesus, dem Prediger, erwarten, wir wissen es nicht, jedenfalls aber irgendeine Art von Ermutigung oder Heil, sonst würden sie nicht die Mühe auf sich nehmen. Das ist bereits das erste, was den Glauben und das Gebet von Resignation und Übermut unterscheidet: Glaube gibt sich nicht zufrieden mit dem Elend und meint nicht, es schon selbst bewältigen zu können, sondern er geht dorthin, wo er Hilfe erwarten kann. Er *sucht*, wo es Hilfe gibt. Und das kann man einüben, das kann zu einem *Suchverhalten* werden, das unser ganzes Leben bestimmt. »Prüfet alles, das Beste behaltet!« Macht euch frei von rechten und linken Vorurteilen, sucht weiter: »Suchet, so werdet ihr finden, klopfet an, so wird euch aufgetan, bittet, so wird euch gegeben« (Matthäus 7, 7).

Jesus sieht den Gichtbrüchigen, der Hilfe sucht, und spricht zu ihm: »Deine Sünden sind dir vergeben.« Wir wissen nicht, ob der Gichtbrüchige oder seine Träger diese Hilfe erwartet haben, die Theologen jedenfalls sind nicht einverstanden. »Dieser lästert Gott.« Der moderne Beobachter würde sagen: Einen Leidenden mit frommen Sprüchen abzuspeisen, das ist doch etwas wenig. Die Schriftgelehrten meinen umgekehrt: Das ist doch etwas zuviel, wer kann Sünden vergeben, denn allein Gott? Jesu Verhalten aber zeigt wiederum den dritten Weg: Nicht daß dieses oder jenes Krankheitssymptom verschwindet, ist entscheidend. Morgen kann ja eine neue Krankheit kommen. Entscheidend für das Gelingen des Lebens, entscheidend für den Lebensmut ist, daß wir die Gewißheit bekommen, *heil zu sein,* so wie wir sind, *heute und hier.* Nicht die Beseitigung dieser oder jener Fehler oder Leiden, die wir haben, ist entscheidend; denn in der Tat, vollkommen gesund können wir in diesem sterblichen Leib überhaupt nicht werden. Heilungen geschehen wohl heute auch durch die Kunst der Ärzte oder der Gesellschaftsreformer oder auch an den alten Wunderstätten wie Lourdes und Altötting. Aber weder das eine noch das andere ist wirklich *Erlösung.* Erlösung ist, daß wir so, wie wir sind, heute und hier, heil und mutig werden – auch dann, wenn sich unsere Krankheiten oder Fehler nicht sichtbar verändern! Das unterscheidet den dritten Weg des Glaubens von Resignation und Übermut: Gott, das ist der Ausdruck der Gewißheit: Ich kann heute heil werden. Mein Leben kann in Ordnung kommen durch das Wort, das Jesus spricht, das wir im Namen Jesu sprechen: Deine Sünden sind vergeben.

Deshalb ist es umgekehrt *Gottesleugnung,* wenn wir meinen, es müßte erst noch etwas geschehen mit uns oder von uns, wir müßten uns vollkommen ändern oder die Welt vollkommen verbessern, und sei es auch im Namen des Christentums. Es ist ein falsches Gottesbild, wenn wir meinen, Gott erweise sich erst dadurch, daß wir selbst und unser Verhalten und die ganze Welt sichtbar heil und verändert und verbessert werden. Hier steht der Glaube selbst auf dem Spiel, daß Gott rechtfertigt, Sünden vergibt, Leben in Ordnung bringt, auch ohne daß wir das greifbar sehen. Das ist eben der Glaube des Vaterunsers: Unser Leben kann in Ordnung sein, weil Gott Sünden vergibt, vom Bösen erlöst, wo wir darum bitten, heute und hier. Da entsteht Lebensmut auch in äußersten Lagen. Darum können wir mit den Leuten dieser Geschichte Gott preisen, »der solche Macht den Menschen gegeben hat«.

Das ist nicht etwa ein Weg der Beschwichtigung mit frommen Worten – das sehen wir am Fortgang dieser Geschichte. Jesus sagt: »Auf daß ihr wisset, daß des Menschen Sohn Macht habe, auf Erden Sünden zu vergeben (spricht er zu dem Gichtbrüchigen): Stehe auf, hebe dein Bett auf und gehe heim.« Und er stand auf und ging heim. Jesus heilt diesen Menschen, wir wissen nicht wie – sowenig ärztliche Kunst Wunderheilungen überhaupt erklären kann. Wir wissen nicht, ob heute aus neuem Lebensmut auch konkrete Heilung von Krankheiten, Fehlern, Gefährdungen entstehen kann. Aber wir erfahren umgekehrt: nur aus solchem Lebensmut, aus der Gewißheit, daß wir in Ordnung sind, daß wir ja sagen können zu unserem Leben, kann auch die Chance erwachsen, daß wir heil werden von unseren Krankheiten, Fehlern, Gefährdungen. Mit dem Glauben daran, daß wir angenommen sind, beginnt alle Zuversicht, daß wir auch erlöst werden von dem Bösen, an dem wir noch leiden.

III. Hinweise

1. Angesichts des Bösen in uns selbst und in der Welt um uns legen wir weder ergeben die Hände in den Schoß, noch krempeln wir die Ärmel hoch und sagen voll Selbstüberschätzung: Wir werden damit schon allein fertig, wir werden das Böse aus eigner Kraft vernichten und uns selbst das Heil schaffen.

2. Jenseits von Resignation und Übermut gehen wir den dritten Weg des Glaubens und des Gebets: Wir halten uns offen für das Heil, das von Gott kommt und das jedem Glaubenden verheißen ist. Denn wir sind Seine Geschöpfe und nicht einfach nur das Produkt von Natur und Gesellschaft.

3. Beten, das heißt: alle Kräfte sammeln zum Appell an den, der uns helfen kann. So gewinnen wir die Gewißheit, daß wir im Grunde angenommen sind, und können das, was uns und allen Menschen noch fehlt, alle Probleme, Fehler und Gefährdungen vor Gott bringen mit der Bitte: Nun handle Du! Erlöse uns von dem Bösen.

Orientierungs-rahmen der Menschlichkeit

Das christliche Glaubensbekenntnis

Leben braucht Vertrauen

Was heißt:

Ich glaube . . .?

Biblischer Bezug:

Lukas 5, 1–11

I. Die Fragestellung

»Orientierungsrahmen der Menschlichkeit« haben wir als Überschrift über das christliche Glaubensbekenntnis gesetzt. Das ist eine Herausforderung nicht nur für andere, sondern für uns selbst. Denn gerade dies wird bestritten, daß christliches Glaubensbekenntnis zur wahren Menschlichkeit hilft, nicht erst im Streit unserer Tage, sondern schon immer. »Glaube trennt – nur Liebe verbindet«, haben die Philosophen der Menschlichkeit proklamiert (Feuerbach). Ist es nicht wahr? Wenn man es mit Glauben zu tun bekommt, scheint es immer Streit zu geben. Diejenigen, die einen Glauben besitzen, nennen die anderen Ungläubige. Diejenigen, die mit dem Glauben Schwierigkeiten haben, nennen die anderen abergläubisch. Glaubenskriege sind in der Menschengeschichte die grausamsten Kriege gewesen: Der eine Glaube meint, den anderen vernichten zu müssen, um der Menschlichkeit willen. Wir dachten, all das gehöre der Vergangenheit an, wir sehen aber mit Entsetzen, wie diese Kriege um des Glaubens willen in unserer Zeit wieder aufflammen.

Dennoch glauben wir, daß unser Glaubensbekenntnis ein

Orientierungsrahmen für die Menschlichkeit sei. Das verlangt freilich, daß wir uns den Einwänden stellen, die gegen den Glauben im Namen der Menschlichkeit erhoben worden sind und erhoben werden. Es verlangt, daß wir nicht mit den höchsten Dingen und im Himmel beginnen, sondern mit den niedrigsten und auf der Erde, eben mit der Menschlichkeit. Wir tun damit nichts, was dem Glaubensbekenntnis zuwider wäre. Zwar spricht es von Gott und von hohen Dingen. Aber die meisten seiner Sätze haben es mit Dingen dieser Erde zu tun, und es beginnt nicht im Himmel, sondern auf der Erde, ganz nahe, heute und hier. Es beginnt mit dem Satz: »Ich glaube.« Er ist das Vorzeichen vor alles Weitere, für alle Sätze und Aussagen. Dieses Vorzeichen müssen wir stets im Auge haben. Wenn wir dieses Vorzeichen weglassen, wird alles falsch. Wenn das Bekenntnis, statt zu sagen: »Ich glaube«, nur sagen würde: »Es gibt Gott den Vater usw.«, dann enthielte es lauter rätselhafte Sätze über Dinge, die niemand nachprüfen kann und die wenig helfen. Dieser erste Satz »Ich glaube« hält alles andere zusammen, gibt ihm erst seinen Sinn. Was aber heißt das nun: Ich glaube? Was heißt Glaube? Als eine erste Antwort stellen wir zwei scheinbar einander widersprechende Behauptungen auf: 1. Glauben ist ein Mangel. 2. Glaube ist lebensnotwendig. Wie geht das zusammen?

Glaube ist ein Mangel, sagen wir zuerst. So hart das klingt, wer nicht einsieht, daß Glaube ein Mangel ist, der ist schon auf dem falschen Weg. Wer etwa meint, Glaube sei ein Besitz, mit dem man sich vor anderen brüsten kann: »O Herr, ich danke dir, daß ich nicht bin wie diese Ungläubigen« – oder den man anderen um die Ohren schlagen kann, wie es Glaubensfanatiker gerne tun, der hat die Situation des Glaubens, des menschlichen Glaubens, schon verlassen. »Wir wandeln im Glauben, nicht im Schauen«, sagt der Apostel. Glaube ist ein Mangel, nicht ein Besitz, ist ein Weg, nicht ein bequemer Logenplatz im großen Welttheater, von dem aus man alles genau sieht.

Im Grunde kann sich das jeder klarmachen, wenn er an das eigene Leben denkt. Für uns alle gibt es wohl eine Erinnerung an eine frühe Kindheit, da die Welt noch in Ordnung war. Da brauchte man nichts zu glauben, weil alles einfach da war: die Mutter, der Vater, das Christkind, der Osterhase. Ich sage: Man brauchte nichts zu glauben, denn wenn Mutter es sagt, dann ist es eben so. Das kleine Kind lebt in einem Grundvertrauen, das alles umschließt: Gegenwart und Zukunft, Himmel und Erde. – Es kam für uns alle die Zeit, da diese Welt zerbrach. Eines Tages, meist so im vierten oder fünften Lebensjahr, merkt man: Die Welt ist nicht nur das Gegenwärtige, sie ist viel größer und unheimlicher, als wir gedacht haben. Die Weihnachtsstube ist nicht das Paradies, sondern nur ein schwaches Abbild, und draußen lauern unbekannte Gefahren. Das Kind fängt zu träumen an, hat Angst im Dunklen, vor dem Unheimlichen, das es nicht kennt. Da hebt nun das Glauben an. Nur wenn das Kind Glauben gewinnt, kann es etwas mitnehmen von dem Vertrauen, das es zum Leben braucht. So begreifen wir, wie Glaube ein Mangel ist, nicht mehr die Geborgenheit der Kindheit, und dennoch etwas zum Leben Notwendiges: »Es ist aber der Glaube eine gewisse Zuversicht des, daß man hofft, und ein Nichtzweifeln an dem, das man nicht sieht« (Hebräer 11, 1).

So beschreibt der Hebräerbrief den Glauben und zeigt zugleich, inwiefern Glaube lebensnotwendig ist. Denn ohne ein Vertrauen könnten wir auch nicht einen Schritt gehen. Wir merken das an seelisch Kranken und Behinderten. Schon nur einen Schritt vor den anderen zu setzen, dazu gehört ein ungeheures Vertrauen, daß die Erde meinen Fuß auch wirklich trägt. Ich habe das schrecklich an einer Angstpsychose erlebt, da jemand plötzlich ohne erkennbaren Grund sagte: Ich kann nicht mehr gehen, nicht einen Schritt – und er konnte es wirklich nicht, weil er das Vertrauen in die Tragkraft seiner Beine verloren hatte.

Erst recht gilt dies im Verhalten zu anderen Menschen. Das merken wir abermals an psychisch Kranken. Einem anderen Menschen in die Augen zu schauen, an einen Nächsten ein Wort zu richten – dazu gehört ein ungeheures Vertrauen, daß wir dabei nicht Schaden leiden. Wir merken es wohl nicht, weil wir dieses Vertrauen von Kind auf eingeübt haben, oft unter

Schwierigkeiten, unter mühsamer Überwindung unserer Schüchternheit, unseres Mißtrauens in die Welt, die eben nicht mehr ist wie die Kinderstube, die uns eben keine Geborgenheit und Sicherheit mehr bietet. Da hilft nichts als Glaube: jene gewisse Zuversicht dessen, das man hofft.

Offenbar wird es heute für viele Menschen immer schwerer, solchen Glauben zu finden. Daher der Ruf nach der Gruppe, daher die Anziehungskraft der neuen Religionen, die eine kleine Sicherheit in der Gemeinschaft versprechen. Da zeigt sich, daß die Behauptung: Glaube trennt, Liebe verbindet, so einleuchtend sie klingt, falsch ist, zumindest schief. Denn Liebe fordert, daß man sich selber aussetzt und preisgibt an den anderen. Das aber geht gar nicht ohne Vertrauen. Liebe setzt Glauben voraus.

Solcher Glaube ist es, mit dem es das christliche Glaubensbekenntnis zu tun hat. Alle seine Sätze sind nur dann kein sinnloses Geplapper, wenn sie Ausdruck sind für ein Vertrauen, das uns unser menschliches Leben ermöglicht. Wer sich an seine einzelnen Sätze klammern wollte, ohne auf den Weg zu sehen, den der Mensch in dieser Welt gehen muß, der gliche dem Vogel Strauß, der den Kopf in den Sand steckt und meint, den Feind gäbe es nicht mehr, weil er ihn nicht mehr sieht. Glauben heißt an den Sätzen des Bekenntnisses lernen, wie man durch dieses Leben gehen und doch Vertrauen haben kann, eine gewisse Zuversicht des, das man hofft. Wie aber kommt man dazu?

II. Zur Betrachtung

Stellen wir uns die biblische Geschichte vor Augen, wie der erste Jünger Jesu zum Glauben kommt (Lukas 5, 1–11): die Berufung und der Fischzug des Petrus. Da wird erzählt, wie Petrus, ein Fischer am See Genezareth, seine Netze flickt. Jesus aber kommt und bittet ihn, ein Boot zu leihen, damit er von ihm aus den versammelten Menschen predigen kann. So mag es auch den meisten von uns ergehen, daß mitten im Leben jemand kommt und über den richtigen Weg des Lebens spricht. Vielleicht hören wir nur halb hin, denn wir haben ja unsere Arbeit zu tun, unsere Netze zu flicken. Was nützt dafür schon Predigt hören? Es ist offenbar: Der andere, der da predigt, braucht *uns,* nicht wir ihn, er braucht unser Boot, um zu reden, unsere Kirchensteuer oder auch ein kleines Engagement; was er uns dafür bietet, sind nur mehr oder weniger unverständliche Reden, denen wir mehr oder weniger zuhören. So fängt der Glaube hier an. So kann er bei jedem anfangen, der sein Werkzeug nur ein wenig zur Verfügung stellt, damit jedenfalls andere etwas davon haben, wenn wir schon selber nichts gefangen haben.

Das ist die erste Stufe des Glaubens: *etwas vom eigenen Leben für andere Zwecke zur Verfügung stellen,* auch und gerade da, wo wir für Vertrauen nicht sonderlich viel Anlaß haben. Dann aber wird plötzlich alles anders. Plötzlich wird Petrus selbst angeredet: »Fahre auf die Höhe, daß ihr einen Zug tut.« Du selbst bist gemeint. Hier beginnen die ersten Widerstände gegen den Glauben: »Meister, wir haben die ganze Nacht nichts gefangen«, wie soll das am Tage geschehen, wo die Fische sich doch verstecken?

Die christliche Botschaft so allgemein zu hören und sich daran zu erbauen, das mag noch angehen. Aber nun selbst hingehen und selbst Erfahrungen damit machen, das ist schon schwieriger. Da wird uns plötzlich bewußt, wie sehr wir Vertrauen brauchen und wie wenig die Welt, diese tiefe und unergründliche See, uns Anlaß zum Vertrauen gibt, daß wir wirklich etwas darin finden und fangen für unser Leben: Nahrung und Lebenssinn. Dennoch ist das die entscheidende Wende: selbst mit dem Gehörten Erfahrungen zu machen in diesem Leben. Nicht nur die Alltagsnetze zu flicken, sondern hinauszufahren, wo es scheinbar nichts zu holen gibt. Da hebt der Glaube an: »Aber auf dein Wort will ich das Netz auswerfen.« Um dieser Tat willen wird Petrus der Fels der Christenheit. Das ist die zweite Stufe des Glaubens: *auf ein Wort, eine Verheißung hin es mit dem Glauben zu versuchen.* Wohlgemerkt, es heißt nicht, daß Petrus überzeugt ist, daß ihm Jesu Reden und Gebot etwa einleuchten. Es beginnt mit dem Zweifel: Meister, wir haben die ganze Nacht nichts gefangen, aber auf dein Wort hin ... Auch wenn mir im Augenblick das, wozu ich da aufgefordert werde, wenig einleuchtet – ich kann ja mal versuchen, ob das Wort hält, was es verspricht. Das ist eigentlich noch nicht Glaube, sondern gewissermaßen Vor-Glaube, die Bereitschaft, es einmal damit zu versuchen, es auszuprobieren.

Der Versuch, den Petrus macht, gelingt fast unglaubwürdig gut. Wenn das bei uns auch so wäre, dann müßte es eine Leichtigkeit und Lust sein zu glauben. Der reiche Fang spricht für sich selbst. Aber hier stimmt offenbar etwas nicht. Denn die Wirkung auf Petrus ist eine ganz andere. Er sagt nicht etwa: *Das* lohnt sich aber mit dem Glauben, ich weiß jetzt, wer Jesu Wort befolgt, dem ist Lebenssinn und Lebenserfolg im Überfluß garantiert. Weit gefehlt! Petrus fällt vielmehr nieder und sagt: Herr, gehe von mir hinaus, ich bin ein sündiger Mensch. Es ist offenbar falsch, Jesu Wort und das Glaubensbekenntnis für eine Art selbstverständliche und wirksame Lebensversicherung zu halten, mit der man sich bewaffnen, in die man sich einhausen kann. Was wir an diesem Wort und diesem Glauben über die Menschlichkeit erfahren, auch an den Sätzen des Bekenntnisses, kann vielmehr den Wunsch in uns erwecken, wir hätten lieber nichts damit zu tun! Wir hätten lieber unsere Ruhe, wir wollen uns lieber bescheiden und begnügen mit einem kleinen Fischerdasein, auch wenn es ärmlich ist und bleibt, statt da herausgerissen zu werden und in die Abgründe des Menschlichen blicken zu müssen, plötzlich sehen zu müssen: Die Welt ist noch einmal weiter, als wir es als durchschnittlich Erwachsene annehmen, oder noch einmal abgründiger. Da geht es nicht nur darum, uns mit mäßigem Anstand durchzubringen, ein wenig Lebenserfolg zu haben: Einkommen, Freude, Ruhe und Sicherheit. Sondern die Aufgabe ist grenzenlos, wenn in dieser Welt wirklich Menschlichkeit herrschen soll. Da haben wir immer schon versagt: Herr, gehe hinaus von mir, ich bin ein sündiger Mensch.

Aber Jesus läßt ihn nicht los: »Fürchte dich nicht, von nun an wirst du Menschen fangen.« Petrus fügt sich und folgt. Das ist die dritte, höchste Stufe des Glaubens: *Glaube ist ein Weg, auf dem man geht, um selber Glauben zu wecken.* Wenn wir mit dem Wort der Bibel Erfahrungen fürs eigene Leben sammeln, wenn wir da wirklich erfahren und erkennen, wie gefährlich es um den Menschen und die Menschlichkeit bestellt ist, wenn wir selber den Weg des Vertrauens finden, der uns dennoch trägt, dann gibt es nur eins: Nicht nur wir selbst müssen Vertrauen immer neu üben, sondern wir müssen anderen Menschen Vertrauen schenken, in ihnen Vertrauen erwecken. Allein dann, wenn Menschen Vertrauen zueinander gewinnen, ist noch Hoffnung für diese Welt. Nicht jeder ist ein Petrus, ein Apostel oder auch nur ein Pastor. Aber jeder, der einen Blick in die Abgründe des Menschlichen getan hat, in das Mißtrauen, in die Enttäuschung, die Ungeduld, die Resignation, die das Leben zerstören, kann gar nicht anders – wenn er nicht verzweifeln will, dann muß er selbst zum Boten des Vertrauens, des Glaubens werden, weil allein darin Hoffnung liegt, für sich, für seinen Nächsten, Kinder, Enkel, Nachbarn. Auf diesen Weg wollen uns die Sätze des christlichen Glaubensbekenntnisses mitnehmen. Leben braucht Vertrauen, darum wirf dein Herz über die Hürden und sprich: Ja, ich glaube.

III. Hinweise

1. Wir sollten versuchen, Elemente des Glaubens in unserem täglichen Leben zu entdecken. Gibt es Grundgewißheiten, von denen wir ausgehen? Kennen wir die Erfahrung der Geborgenheit, oder erinnern wir uns an ihren Verlust? Haben wir die Kraft, wahrzunehmen, daß die Welt größer ist, als unsere Erfahrung und Einsicht sie uns zeigt? In welchen Situationen wären wir ohne Vertrauen hilflos?

2. Wir sollten uns der Situationen erinnern, in denen wir von unserem eigenen Leben etwas zur Verfügung stellten. Konnten wir erfahren, wie dies menschliches Leben anderer ermöglichte?

3. Welche Entscheidungen oder Handlungen haben wir

gewagt auf ein bloßes Versprechen hin? Wären sie ohne solches Wagnis überhaupt möglich gewesen?

4. Wo hat uns das Vertrauen anderer Menschen in unserem Weg gestärkt? Wo haben wir durch unser eigenes Vertrauen anderer Menschen Vertrauen geweckt, ihnen Gewißheit gegeben?

Vertrauen ist mächtiger als Resignation

Was heißt:

Gott, der Vater?

Biblischer Bezug:

Lukas 15, 11–32

I. Die Fragestellung

»Ich glaube an Gott«, dieser erste Satz des Glaubensbekenntnisses ist eigentlich schon das Ganze. Alle weiteren Sätze über den Sohn, den Geist, die Kirche entfalten, was in dem einen enthalten ist: Ich glaube an Gott. Was bedeutet dieser Satz als Orientierungsrahmen der Menschlichkeit? Scheinbar gibt es darauf eine sehr einfache Antwort. Sie steht am Anfang der Bibel und lautet: Der Mensch ist selbst »Gottes Ebenbild«. Willst du dir Gott vorstellen, so siehe den Menschen an. Gott erscheint in der Bibel in Menschengestalt: so bei Abraham im Hain Mamre, so bei den Propheten Hesekiel und Daniel, als sie in Visionen Gott kommen sehen. So zuhöchst bei Jesus. Als die Jünger bitten: Herr, zeige uns den Vater, und so genügt's uns, antwortet Jesus: »Wer mich sieht, der sieht den Vater« (Johannes 14, 9). Noch die nachchristlichen Propheten, ein Karl Marx, leben von der Gewißheit: Gott erscheint im Menschen, darum ist der Mensch das Höchste für den Menschen.

Auch unser eigenes Leben bestätigt das. Wenn wir als Kinder uns Gott vorstellten, so in Gestalt eines Menschen, der uns beschützt, vielleicht Vater oder Großvater. Als mein kleiner Sohn zum ersten Mal in der Osternachtfeier war und den Pastor nur im Kerzenschein die Verheißungen lesen hörte und sah, fragte er: Ist das der liebe Gott? Untersuchungen bestätigen, daß das Gottesbild vieler Kinder an ihren Eltern oder ihren Bezugspersonen entsteht. Auch die große Dichtung erfährt ihn so: »Seid umschlungen, Millionen, diesen Kuß der ganzen Welt, droben überm Sternenzelt muß ein guter Vater wohnen.«

Es gibt eine direkte Weise, von Gott zu reden, weil man ihn erfahren hat. Es gibt einen Glauben an Gott, der gründet sich einfach auf die Menschen, die glaubten und Glauben vermittelten, die uns Gott selber vertrauenswürdig gemacht haben. Das kann sogar ein Kind tun in seinem schlichten Hingegebensein an das Leben: »So ihr nicht werdet wie die Kinder, werdet ihr es nicht erlangen.« Natürlich ist der andere Mensch, an dem wir das erfahren, nicht selber Gott, er ist nur ein Bild. Aber über ihn erfahren wir Gott – die Theologen nennen das den Weg des Emporschreitens, auf dem wir zu Gott gelangen können. Der Mensch erscheint vertrauenswürdig und gut. Gott ist allgütig. Ein Mensch ist mächtig, Gott ist allmächtig.

Aber wie beim Glauben, so erfahren wir auch hier eines Tages, daß das Bild Gottes, das wir hatten, zerbrechen kann. Die Eltern sind eben doch nicht Gott, nicht allmächtig, sie können nicht helfen, sie lassen uns allein mit unseren Problemen. Ja die Menschen, die uns zum Bilde Gottes wurden, sind nicht einmal gut. Wie sie das Bild Gottes in unser Herz gepflanzt haben, so können sie es zerstören. Wenn wir die Greueltaten und Kriege in der Geschichte sehen, wenn wir schreckliche Erfahrungen der Gegenwart vor Augen haben, dann müssen wir sagen: Menschen können uns den Glauben an Gott nicht nur geben, Menschen können durch ihr schreckliches Tun uns den Glauben an Gott auch nehmen. Wir begeben uns in Fragen und verwickeln uns in Widersprüche: Wie kann Gott das zulassen? Dieser Gott scheint entweder nicht allmächtig oder nicht allgütig. Ist er allmächtig und tut dies alles, dann scheint er nicht allgütig zu sein. Ist er allgütig und will dies alles nicht, dann scheint er nicht allmächtig zu sein. Das direkte, einfache Bild Gottes, das wir an guten Menschen gewannen, scheint zu zerbrechen. Die Menschen können uns eher zeigen, *wie Gott nicht* ist – oder umgekehrt: Gott ist offenbar, *was wir nicht sind.* Wir Menschen sind jedenfalls nicht allmächtig, väterlich, allgütig, allweise. »Wir armen Menschenkinder sind eitel arme Sünder und wissen gar nicht viel, wir spinnen Luftgespinste und suchen viele Künste und kommen weiter von dem Ziel.« Die Theologie nennt diesen Weg der Gotteserkenntnis den Weg der Verneinung – von Gott kann ich nur sagen, was er nicht ist.

Ein solcher Gott rückt freilich in rätselhafte, unendliche Ferne. Er ist der verborgene Gott Luthers, den man nicht begreifen kann. Kann man an einen solchen Gott glauben, ihm vertrauen? Nicht Glaube scheint hier die richtige Antwort, sondern allenfalls *Resignation,* Selbstbescheidung. Wir sind nicht Gott, wir können ihm nicht in die Karten gucken. Zur Menschlichkeit aber scheint uns ein solcher Gott nur zu helfen, wenn wir uns nicht auf ihn verlassen, sondern allein auf uns selbst. So haben die Philosophen der Neuzeit bis hin zu den Existentialisten Gott gesehen, wenn sie überhaupt von ihm sprachen: Gott, das ist nur die gedachte *Grenze,* an der der Mensch inne wird, daß er nicht Gott ist. Gott ist die Grenze, an der wir merken, daß wir *endliche* Menschen sind, damit wir lernen, unsere Kräfte nicht zu überschätzen. Aber direkt helfen kann uns ein solcher Gott nicht. Allein die eigenen endlichen Kräfte sind es, die uns bleiben, auf die wir uns verlassen können: Hilf dir selbst, dann hilft dir Gott.

Gibt es einen Ausweg aus diesem Dilemma? Gibt es einen Weg, auf dem man trotz all des Schrecklichen, das wir erleben, trotz der Verborgenheit Gottes sagen könnte: Dennoch bleibe ich stets bei dir? Dennoch wird deine Menschlichkeit über die Unmenschlichkeit dieser Welt das letzte Wort haben? Die Christen haben von Anfang an vor dieser Frage gestanden. Sie mußten lernen, einem Gott zu vertrauen, der seinen eigenen Sohn den Weg des Leidens und des Todes gehen ließ – eben das bekennt das Glaubensbekenntnis. Gelernt haben die Glaubenden dies an Jesus selbst. Also müssen wir uns fragen, ob wir es ebenso und immer neu an Jesus lernen können, wieso dieser

Gott, der das alles zuläßt, Gott der Vater ist, dem wir vertrauen können.

II. Zur Betrachtung

Das Gleichnis vom verlorenen Sohn (Lukas 15, 11–32) erzählt eine Geschichte, die wir alle kennen. Ein Vater hat zwei Söhne, und der Jüngste verlangt, schon bevor er ein Recht dazu hat, sein Erbe: »Gib mir mein Teil.« Dieser Vater gibt es ihm, und der Sohn zieht damit in die Fremde und macht sich ein schönes Leben. Was für ein Vater, mögen wir sagen. Warum gibt er das Erbe vorzeitig heraus? Warum läßt er den Sohn ziehen in die Fremde, in sein Unglück, warum hindert er ihn nicht? Warum scheint Gott so oft nicht dazusein, wenn man ihn braucht, wie er in jener dunkelsten Stunde abwesend war, als die Frucht gebrochen wurde und das Paradies verlorenging?

Es gibt nur eine einzige mögliche Antwort: Der Vater hat den Sohn lieb. Er weiß, daß der Sohn nur dann sein *eigenes* Leben finden kann, wenn er selbständig wird, und dieser Sohn kann das offenbar nur, indem er aus dem Vaterhause geht.

So ist Gott. Ich glaube an Gott, das heißt zum ersten: Ich glaube daran, daß wir alle, jeder für sich, ein eigenes Leben führen sollen und müssen. Nur wer *Gott im eigenen Leben* selbst findet, der hat ihn wirklich. Nur an und mit unserer Freiheit und Selbständigkeit kann sich Gott erweisen als ein Gott, der nicht nur ein kindliches Bild für die Kinderstube ist, sondern der Gott dieser ganzen unbegreiflichen Welt, der allmächtige Vater.

Der Sohn vertut sein Gut in schlechter Gesellschaft, er gerät in Not, er muß Schweine hüten und bekennt, nicht einmal satt zu essen zu haben. Schärfer kann man die Enttäuschung am Leben, die viele erfahren, wohl nicht kennenlernen. Das Gleichnis ist freilich ohne jeden moralischen Zeigefinger oder pharisäische Genugtuung. Es sagt nicht etwa: So geht es dem, der aus dem Vaterhause wegläuft. Es stellt vielmehr nüchtern fest: Dieser Sohn geht in sich und fragt: Wieviele Tagelöhner hat mein Vater, die genug zu essen haben, und ich vergehe vor

Hunger. Ich will mich aufmachen und zu meinem Vater gehen und will zu ihm sagen: Ich bin nicht wert, daß ich dein Sohn heiße; mache mich zu deinem Tagelöhner. Noch einmal, dies ist keine Aufforderung, angesichts der Unbegreiflichkeit dieser Welt und der Enttäuschungen unseres Lebens zum Kinderglauben zurückzukehren. Der Sohn sagt: Ich bin hinfort nicht wert, daß ich dein Sohn heiße. Dieser Sohn weiß nicht, ob der Vater ihn wieder aufnimmt, ja ob es den Vater noch gibt. Aber dieses »Ich will mich aufmachen« ist die entscheidende Wende. Die schrecklichen Erfahrungen bringen den Sohn nicht dazu, zu sagen: Wie konnte mein Vater das zulassen, was alles mit mir geschehen ist? Sondern in seinen Entbehrungen kann er sich erinnern, daß es einmal anders war. Erstaunlich abweichend von dem, was wir durchschnittlich denken, steht hier: Der Sohn kann aus seiner Verlorenheit Konsequenzen ziehen. Er kann die Geborgenheit suchen, die er nicht mehr besitzt. Ja der Mensch kann sich sogar zu dem Gott verhalten, den er nicht mehr hat, dessen Geltung ihm verlorengegangen ist. Denn der Mensch kann *nein* sagen zu den Erfahrungen, die er in der Fremde gemacht hat. Er kann bereuen, er kann sich illusionslos über seine Lage klar werden: Ich habe gesündigt. Er kann den ersten Schritt tun: Ich will mich aufmachen – auch wenn er nicht weiß, ob der Vater ihn aufnehmen wird. Er kann den Heimweg antreten, auch wenn er nicht weiß, ob es die Heimat noch gibt.

Gott, das ist die Erinnerung, die auch noch in der äußersten Fremde bleibt, als Schmerz, als die Fähigkeit, nein zu sagen zu dem, was das Leben zerstört, und die Quelle zu suchen, aus der das Leben neu werden kann. Ich glaube an Gott, das heißt zweitens: Ich habe *den Maßstab,* ich würde nicht den Schmerz über die Welt und alles Schreckliche darin empfinden, wenn ich nicht *in meinem Herzen* ein Bild trüge, das sagt: So sollte es nicht sein. Die Welt ist nicht in Ordnung, ich aber will den Maßstab Gottes und des Heils behalten, auch wenn alle Welterfahrung dagegen spricht. Ich will versuchen, ob Gott für mich noch da ist.

Gibt es ein Wiederfinden Gottes in der Dunkelheit der Welt? Das ist die Frage, der wir nicht ausweichen dürfen, auch wenn das Gleichnis gerade zeigt: Es liegt nicht am Sohn allein, ob er ins Haus des Vaters zurückkommt. Wir wissen, wie die Geschichte weitergeht: Der Vater sieht den Sohn von ferne, er läuft ihm entgegen, er nimmt den Sohn nicht nur als Tagelöhner, sondern als Sohn wieder auf. Damit scheint die Antwort gegeben. Aber so einfach ist die Sache nicht. Denn da gibt es noch den älteren Bruder, der sich über den verlorenen Sohn beklagt. Freilich, im Gleichnis kommt er nicht zum Zuge. Er steht draußen, er muß sich vom Vater zurechtweisen lassen. Dennoch hat er einiges vorzubringen, was auch uns überzeugen möchte. Er hat die Lebenserfahrung für sich, und seine Logik ist zwingend: Wer sein Erbe durchgebracht hat, hat es verloren. Wer gefallen ist, der ist gescheitert. Die Welt ist nicht so wie dieser Vater, und wo kämen wir hin, wenn nicht Recht und Ordnung herrschten? Wer sich in Gefahr begibt, kommt darin um!

Wie gesagt, im Gleichnis kommt der ältere Bruder nicht recht zum Zuge. Aber das Gleichnis hat noch eine Fortsetzung, an die man gewöhnlich nicht denkt. In dieser Forsetzung ist alles ein wenig anders, da gewinnt der ältere Bruder immer mehr Gewicht. Diese Fortsetzung, die wir meinen, ist das Leben Jesu selbst, der das Gleichnis erzählt. In Jesu Leben wird fortwährend die Frage aufgeworfen: Ist Gott wirklich der Vater? Gibt es eine Rettung für das Verlorene?

Jesus hat seine Antwort gegeben: Ja, so handelt der Vater, so handle ich. Aber dagegen erhebt sich nun die Stimme des älteren Bruders, wird immer lauter, bis sie die Stimme Jesu zum Schweigen gebracht hat, bis sie ihn, der für das Verlorene eintrat, selbst zum Verlorenen gemacht hat: Mein Gott, warum hast du mich verlassen? Von daher erhebt sich die Frage immer noch einmal neu: Wo ist nun Gott? Heißt das letzte Wort mit dem älteren Bruder: Verloren ist verloren? Oder heißt das letzte Wort: Dieser mein Sohn war tot und ist wieder lebendig geworden? Die Antwort muß jeder selbst geben. Jeder muß dies Gleichnis im eigenen Leben weitererzählen.

Ich glaube an Gott, den Vater, das heißt zum dritten in Jesu Leben: *Es gibt ein Wiederfinden,* ein Heimkommen auch aus der größten Dunkelheit. Dazu ruft Jesus auf. Er gewährt den verlorenen und kranken Menschen Gemeinschaft. Er macht ihnen und uns Mut zum getrosten *Dennoch.* Wer daran zweifelt, dem stellt er einfach diese Geschichte vor Augen, die Geschichte eines Vaters, der seinen verlorenen Sohn wiederfindet. Er fragt: Kannst du die Freude dessen empfinden, der seinen Sohn wiederfindet? Wenn du es kannst, dann kannst du Zutrauen fassen: Gott, der Vater, ist noch da.

III. Hinweise

1. Nur wer sein eigenes Leben führt und Gott darin findet, findet ihn wirklich. Ich stelle meine Freiheit und Selbständigkeit fest, die ich habe. Ich prüfe, wo ich an ihre Grenzen stoße. Ich erfahre, wo ich abhängig bin, wo ich auch mir selbst nur geschenkt werde.

2. Ich würde nicht den Schmerz und alles Schreckliche in der Welt empfinden, wenn ich nicht einen Maßstab dafür im Herzen trüge. Ich kann »nein« zu dem sagen, was Leben zerstört. Ich kann Quellen suchen, aus denen Leben erneuert werden kann.

3. Ich versuche mich zu erinnern an das Bild Gottes, das ich als Kind hatte. Was ist daran zerbrochen, was geblieben? Das Bild des »Vaters« sagt: Es gibt ein Wiederfinden, ein Heimkehren auch aus der größten Dunkelheit. Kann mir die Erinnerung daran neuen Anstoß geben: »Ich will mich aufmachen«?

Ordnung ist mächtiger als Chaos

Was heißt:

Schöpfer des Himmels und der Erde?

Biblischer Bezug:

Psalm 104

I. Die Fragestellung

Die Schöpfung am Anfang der Bibel ist wie der Beginn eines modernen Theaterstücks. Alles ist dunkel – der Vorhang geht auf, man kann noch nichts erkennen und ahnt doch, daß da etwas gegenwärtig ist. Plötzlich eine Stimme: Es werde Licht! Scheinwerfer strahlen auf, und allmählich unterscheidet man die Dinge auf der Bühne: Oben und Unten, Höhen und Tiefen. Dann treten Gestalten auf: Pflanzen, Tiere, zuletzt der Mensch. Das Spiel kann beginnen. Wenn wir weiter zuschauen, merken wir: Die ganze Bibel ist das Buch zu dem gewaltigen Welttheater, in dem Elemente und Völker, Könige und Propheten, Heilige und Teufel auftreten, leben, leiden, kämpfen, bis am Ende das große Gericht gehalten und die ewige Stadt gegründet wird, Himmel und Erde endlich versöhnt sind.

Leicht zu sagen: Welch Schauspiel, aber, ach, ein Schauspiel nur für Kinder und Träumer. Wir wissen doch mehr: von Milchstraßensystemen und Jahrmillionen, von Atomzertrümmerung und Zellteilung – eine rätselhafte Unendlichkeit, in der wir wohl dieses oder jenes Gesetz erkennen, bis jemand kommt, der es noch besser erklärt. Aber nirgends eine Regie, nirgends ein Gott, der da spräche: Es werde Licht. Aber ist das wirklich die Welt, in der wir leben, die wir erleben: jenes rätselhafte Gebilde von Atomen und Sternnebeln? Oder ist nicht unsere Welt denn doch das merkwürdige Theater, wo wir eines Tages aus den Kulissen, an die wir uns nicht mehr erinnern können, auf die Bühne geschickt werden, und man ruft uns zu: Nun sag deine Rolle auf und und mache mit, bis du wieder abtreten darfst im großen Welttheater. Ein wenig möchten wir wohl hinter die Kulissen schauen, und ein wenig können wir's. Aber es nützt uns nicht viel, viel zuviel bleibt unverständlich. Wir meinen zu wissen, wie ein Mensch entsteht und warum er sterben muß, aber wirklich verstehen, warum *wir* das sind und daß wir davon müssen, das tun wir trotzdem nicht. Unser bescheidenes Wissen von Entstehen und Vergehen der Dinge nützt uns nicht viel, es lenkt uns höchstens ab von der Rolle, die wir zu spielen haben. Was uns nützten kann, ist allein, ein wenig zu erfahren von der Regie dieses großen Welttheaters, in dem wir mitzuspielen haben. Eben dies wird uns angeboten in einer Reihe gewaltiger Gleichnisse, deren erstes heißt: Schöpfung.

Was heißt Schöpfung? Schöpfen, das heißt in der Umgangssprache, etwas aus der Tiefe hervorholen, aus einem Brunnen oder aus einem tiefen Gefäß. Schaffen aber, das heißt etwas Neues hervorbringen, das vorher nicht war, wie ein Künstler aus Stein eine Statue schafft oder ein Architekt aus mancherlei Baumaterial ein Haus. Wer nach den Trümmern des Krieges wieder ein Dach über den Kopf bekam, wer endlich die Mittel hat, eine eigene Wohnung einzurichten, der kennt die Erfahrung: Unser ganzes Leben, alle Menschlichkeit hängt daran, daß die Welt ein Haus wird, das man bewohnen kann, eine Ordnung, in der man sich zurechtfinden kann, und daß die Aussicht besteht, daß es auch in Zukunft so bleibt. Die Macht aber, die solche Ordnung hervorbringt, solche Geborgenheit ermöglicht, solche Zukunft verheißt, nennt das Apostolische Glaubensbekenntnis: den Schöpfer des Himmels und der Erde.

II. Zur Betrachtung

Der 104. Psalm macht deutlicher als die Geschichte am Anfang der Bibel, daß wir es nicht nur mit einem Vorspiel zu tun haben aus grauer Vorzeit, sondern mit etwas, das jetzt und hier und täglich geschieht und uns umgibt. An zahllosen Erfahrungen macht der Dichter dies deutlich: Sonne, Wolken und Wind, Vögel und Vieh, Wein und Öl, Nacht und Tag, Ackerbau und Seefahrt. Wir sollten uns einmal Zeit nehmen, diesen Psalm in Ruhe zu lesen und uns die Augen öffnen zu lassen für die Vielfalt der Schöpfung, die uns umgibt. Hier wollen wir nur zwei Dinge hervorheben, auf die es in all dem unendlichen und überquellenden Leben in aller Schöpfung entscheidend ankommt: Ordnung ist stärker als Chaos, und Hoffnung ist möglich, weil immerfort Neues hervorgebracht wird. Ohne diese beiden Gewißheiten könnten wir unser Leben nicht führen, könnte Menschlichkeit nicht bestehen.

Ordnung ist mächtiger als Chaos. Das scheint ein banaler Satz zu sein, nicht wert, daß wir uns damit befassen. Im Gegenteil, Ordnung schien uns lange Zeit das Bedrückende, etwas, das menschliches Leben eher einschnürt als fördert. Nicht Ordnung, sondern Freiheit schien die Devise sein zu müssen. Heute begreifen wir vielleicht wieder besser, daß es anders ist. Ordnung mächtiger als Chaos: Das ist keine Binsenwahrheit, sondern ein Glaubenssatz. Nicht die Ordnung, das Chaos ist es, das sich von selbst versteht. Wo die menschlichen Lebensverhältnisse nicht in Ordnung und Pflege gehalten werden, da zerfallen sie wie von selbst, da wird die Erde unbewohnbar. Wer große Naturkatastrophen miterlebt oder Bilder davon gesehen hat, dem ist vielleicht deutlich geworden, was Schöpfung heißt, was es für unser Leben bedeutet, daß den Fluten eine Grenze gesetzt, das Toben der Elemente in Bann gehalten wird. So hängt auch alles menschliche Leben davon ab, daß die Gewalt der Triebe gebändigt wird. Nur so wird der Mensch »sozialisiert«, wie wir sagen, wird fähig, in der Gemeinschaft der Menschen zu leben und an der Ordnung mitzuwirken, da jeder ein Dach über dem Kopf hat, warmes Zeug und eine Schüssel mit Essen, um satt zu werden. Daß das nicht selbstverständlich ist, daß ein starker Glaube an die Macht der Schöpfung dazu gehört, erfahren wir immer wieder durch erschreckende Bilder: wenn plötzlich blühende Städte in Schutt und Asche sinken oder wenn mitten im friedlichen Leben Mord und Terror ausbrechen. Da sehen wir: Die Natur ist ein Wildwuchs, der Mensch ist der Wildwuchs eines Wildwuchses. Der wahre Revolutionär ist nicht der, der die Fesseln löst und die Dinge verändert, sondern der in dieser Welt Ordnung schafft. Da sehen wir dann: Schöpfung ist keine blasse Weltentstehungstheorie oder etwas, was sich von selbst versteht, wie Naturgesetze eben wirken, sondern Schöpfung ist ein Glaube, den wir immer wieder neu gegen den Augenschein gewinnen müssen. Ordnung ist stärker als Chaos. Dieser Schöpfungsglaube aber nimmt uns in Dienst, »so geht dann der Mensch aus an seine Arbeit und an sein Ackerwerk bis an den Abend« (Psalm 104, 23). Dieser Schöpfungsglaube läßt uns die zerbrochenen Deiche wieder schließen, die zertrümmerten Städte wieder aufbauen, die gefallenen Menschen wieder aufrichten. Ordnung ist mächtiger als Chaos – das ist der Glaube an die Macht des Schöpfers.

Der Glaube an den Schöpfer meint freilich noch mehr als dies alles. Ohne Ordnung über dem Chaos kein Leben und keine bewohnbare Erde. Dennoch kann uns diese Erfahrung und dieser Glaube eigentümlich trostlos lassen. Denn in dem immer neuen Wechsel zwischen Sommer und Winter, Frost und Hitze, Saat und Ernte, Tag und Nacht ist etwas, was unsere Kräfte verzehrt. Wir können uns vorkommen wie jener Sisyphus, ein Mann, der unaufhörlich einen schweren Marmorblock den Berg hinaufrollen muß, und wenn er gerade oben angekommen ist, entgleitet ihm der Stein und rollt wieder ins Tal. Der Kampf um die Ordnung der Verhältnisse verschleißt die Menschen. Wir haben heute Sorge um den Bestand der Schöpfung. Er scheint nicht mehr selbstverständlich zu sein wie in früheren Zeiten. Wir bangen um die Erschöpfung der Energievorräte, um die Zerstörung der Umwelt. Auch unser eigenes Leben zeigt ja nicht einen Kreislauf, in dem die Ordnung immer wieder siegt – es hat eine Richtung, in der unsere Kräfte abnehmen, bis sie am Ende sind. Der Schöpfer scheint uns nicht nur ins Leben zu rufen, er scheint uns auch fallen zu lassen. »Verbirgst du dein Angesicht, so erschrecken sie; du nimmst weg ihren Odem, so vergehen sie und werden wieder zu Staub.«

Aber sonderbarerweise geht der Text weiter: »Du sendest aus deinen Odem, so werden sie geschaffen, und du erneuest die Gestalt der Erde.« Hier meldet sich nun der andere, der schwierige Teil des Schöpfungsglaubens: *Hoffnung ist möglich, weil immerfort Neues hervorgebracht wird.* Abermals hilft uns unsere Erfahrung, indem sie uns zum Gleichnis wird. Wie wenn wir nach einem arbeitsreichen Tag müde und zerschlagen ins Bett sinken, aber am anderen Morgen sind unsere Kräfte neu geworden zu neuer Arbeit, oder nach schwerer Krankheit merken wir eines Tages, es geht wieder aufwärts – durch Schöpfung. Oft schon schien die Geschichte und menschliches Leben am Ende: in den Völkerstürmen, im Untergang der Antike, in den großen Kriegen; und dann erschien einer, der einen Neuanfang schaffte, und neues Leben blühte aus den Ruinen. Das *muß* nicht so sein! Daß es auch in Zukunft geschieht, ist ein Glaube – der Glaube, zu dem wir alle gerufen sind: »Siehe, ich mache alles neu.« – »Ist jemand in Christus, so ist er eine neue Schöpfung, das Alte ist vergangen, es ist alles neu geworden« (2. Kortinther 5, 17). Hoffnung ist möglich, auch in aussichtslosen Situationen, auch im Äußersten, auch noch im Tode, weil immerfort Neues geschieht. So spricht der Glaube an den Schöpfer nicht nur der Erde, sondern des *Himmels.*

Wir alle setzen, vielleicht aus Gewohnheit, solche Zeichen der Hoffnung. Zünden wir eine Kerze an, so ahmen wir mit dieser kleinen Geste nach, was am Anfang der Schöpfung geschieht: Es wird *Licht.* So feiern wir im Advent die Ankunft des Neuen. Noch einmal soll die Schöpfung sich wiederholen, noch einmal erweist sich, daß Licht stärker ist als die Finsternis, und wir hoffen, daß Neues geschieht auf Erden wie im Himmel. Und Himmel, das ist nichts Fernes, das ist bei uns selbst, wo wir die Kraft spüren, die uns neu macht. »Halt an, wo läufst du hin? Der Himmel ist in dir, suchst du ihn anderswo, du fehlst ihn für und für« (Angelus Silesius).

Ordnung ist mächtiger als Chaos, Hoffnung ist möglich, weil immerfort Neues geschieht. Ohne diese beiden Gewißheiten können wir unser Leben nicht führen, könnte Menschlichkeit nicht bestehen. Beide aber weisen hin auf den Schöpfer des Himmels und der Erde.

III. Hinweise

1. Wir sollten darauf achten, wie das Verlangen nach Ordnung die Angst vor der Erfahrung des Chaos immer wieder überwindet. Schreiben wir auf, wo wir Chaos und Ordnung in unserem Leben entdecken: in der Kindheit, im Beruf, im persönlichen Leben, im Tageslauf.

2. Der Glaube an den Schöpfer ist die Bereitschaft, selbst Ordnung zu schaffen gegen das Chaos – die Welt bewohnbar zu erhalten. Schöpfung, das heißt auch für mich: Ich gehe an meine Arbeit oder suche mir eine. Bin ich krank, so ist Gesundwerden meine Arbeit, doch unterscheide ich das, was ich schaffen kann, von dem, was nicht in meiner Hand liegt.

3. Hoffnung ist möglich, weil immerfort Neues hervorgebracht wird. Ich beobachte dies in der Natur, bei den Menschen, bei mir selbst. Ich empfinde das Geschenk, daß ich morgens aufstehen, sehen, hören, sprechen, laufen, arbeiten kann. Ich kann erfahren: Es geschieht Neues mit mir auch in scheinbar aussichtslosen Situationen. Ich versuche gelassen zu warten auf den Schöpfer nicht nur der Erde, sondern des Himmels.

Die Geschichte des Menschen hat einen Sinn

Was heißt:

Jesus Christus, eingeborener Sohn, unser Herr?

Biblischer Bezug:

Johannes 1, 1–14

I. Die Fragestellung

Hat die Geschichte des Menschen einen Sinn? Unser Interesse richtet sich normalerweise nicht auf die große Menschheitsgeschichte, sondern auf das kleine Stück Geschichte, das wir selber erleben: unseren Lebenslauf. Hat unser Leben einen Sinn? Nun, zumindest sind wir von einem unstillbaren Hunger nach Sinn getrieben, und zwar schon als kleine Kinder, solange wir uns erinnern können. Viele von uns werden sich an dieses Kinderspielzeug erinnern, das fast jedes Kind bei uns geschenkt bekommt: eine Reihe von Kästchen verschiedener Größe, die man ineinanderschachteln kann. Wenn man sie auspackt, kann man sie aufeinandersetzen und einen Turm bauen. Welches Strahlen, welche Freude, wenn der Turm gelingt! Und dies Spiel, das die Menschen seit dem Turm zu Babel beschäftigt, sagt uns: *Sinn ist da, wo man etwas aufbauen kann,* wo der Aufbau gelingt. Oder: Viele von uns hatten eine Reihe Holzwürfel, die man ähnlich wie ein Puzzle zusammensetzen kann; und je nachdem, wie man sie zusammensetzt, ergibt sich ein Bild: Pferd, Kuh, Hund, Katze. Welches Strahlen, wenn das Bild gelingt! Dieses Spiel, das die Menschheit bis zu den gewaltigen Bildern der Dichtung und Philosophie erfüllt, sagt uns: Sinn ist da, wo man scheinbar sinnlose Teile zu einem geordneten Ganzen, einem Bild zusammenfügen kann. Und so geht es weiter: Welche Freude, wenn unter unendlichen Mühen das erste Wort, der erste Satz auf die Tafel gekritzelt ist. Sinn ist da, wo man Gedanken festhalten und mitteilen kann. Und so geht es weiter: Der Mensch wächst auf, sieht seine Aufgaben darin, einen Baum zu pflanzen, ein Haus zu bauen, ein Kind zu zeugen, wie die Alten sagen. Sinn überall und immer neuer Hunger nach Sinn.

Aber werden wir am Ende satt und gestillt? Hat das ganze Leben auch Sinn oder nur die einzelnen Taten? Wie steht es, wenn uns Aufgaben mißlingen? Immer mehr Menschen haben heute das Gefühl, daß ihr Leben sinnlos ist. Die Zahl der Selbstmorde steigt, und wenn überhaupt ein Grund angegeben wird, so ist der häufigste: Mein Leben hat keinen Sinn. So weiß es die alte Spruchweisheit: Ich komme und weiß nicht woher, ich bin und weiß nicht wer, ich gehe und weiß nicht wohin – mich wundert's, daß ich fröhlich bin.

Aber wie steht es um die große Geschichte? Auch hier suchen die Menschen den Sinn in den Werken ihrer Hand: in der Gründung von Staaten, im Schaffen von Kultur und Lebensformen, die dem einzelnen Geborgenheit geben. Doch immer schwerer wirkt sich hier aus, wenn dieser Hunger ungestillt bleibt. In der Jugend träumten wir vom großen Reich, und es wurde uns unter den Händen zerschlagen. Dann gaben wir die besten Jahre des Lebens an den Aufbau aus den Trümmern. Und was nun? Die Not der heutigen Jugend liegt doch auch darin, daß es nur noch so wenig *aufzubauen* gibt. So sucht ihr Hunger sich neue Gegenstände. Eine Zeitlang war es die Hoffnung auf Befreiung von allen Zwängen, zumindest auf Fortschritt. Sie ist schnell gescheitert. Die neuesten Geister glauben nicht mehr an den Fortschritt. Sie rufen von der Geschichte überhaupt weg, sie scheint nur Unglück zu bringen, sie scheint die dunkelste der Verhüllungen Gottes zu sein. Nur das Leben nach der Natur, nach den allgemeinen Gesetzen des Lebens scheint noch einen Ausweg zu bieten. Deshalb das Interesse an den Naturvölkern, an den ostasiatischen Religionen vor allem auch unter der Jugend. Aber der Hunger bleibt: Kann unser Leben, unsere Geschichte Sinn gewinnen?

II. Zur Betrachtung

Der Anfang des Johannesevangeliums stellt die Betrachtung auf den Kopf. Hier heißt es: Man kann den Sinn in unserer Geschichte nicht hervorbringen, wenn er nicht von Anfang an darin ist. »Im Anfang war der Sinn« – so kann man das Wort logos, das hier im griechischen Text steht, auch übersetzen. Vor allem Leben war schon der Sinn; denn der Sinn war bei Gott, und Gott war der Sinn.

Alle Dinge sind durch den Sinn geschaffen, und ohne ihn ist nichts geworden, was geschehen ist. Das heißt: Alles, was wir erfahren, hat Sinn – eine ungeheure Behauptung, freilich nicht ungeheuerlicher als die andere: Alles ist sinnlos. Aber wer wirklich von dem einen Gott des Himmels und der Erde sprechen will, der muß dies zu sagen wagen: Alles hat Sinn, auch das Schrecklichste, das wir nicht begreifen. So haben die Kirchenväter gemeint: Überhaupt alle Dinge sind gut, wenn es einen Gott gibt. Wir sehen bloß nicht ein, wozu sie gut sind. Woran liegt es dann, daß wir diesen Sinn nicht sehen? »Gott kann sich nimmermehr verbergen, wie du sprichst; es sei denn, daß für ihn du ein Versteck erdicht'st« (Angelus Silesius).

Der Sinn liegt vor Augen, es ist nicht zuwenig Sinn, sondern zuviel Sinn, der unsere Augen blendet, und dann tappen wir wie im Dunklen: Das Licht scheint in der Finsternis, aber die Finsternis hat es nicht begriffen. Wir sind zu schwach, zu begrenzt, und da merken wir wieder: Der Glaube an den allmächtigen Gott allein hilft uns nicht. Daß alles, auch das Schrecklichste, einen Sinn haben soll, tröstet uns nicht, wenn wir es uns nicht zu eigen machen können. Dieser Gott, der zu groß ist für unser Begreifen, der ist wie eine glatte Felswand, die wir nicht ersteigen können, an der wir abgleiten. Luther hat diese Erfahrung hinreißend kraftvoll ausgedrückt: »Denn wie er wohl überall ist in allen Kreaturen, und ich möchte ihn im Stein, im Feuer, im Wasser oder im Strick finden . . . will er doch nicht, daß ich ihn da suche ohne das Wort und mich ins Feuer oder Wasser werfe oder an Strick hänge. Überall ist er, er will aber nicht, daß du überall nach ihm tappest. Sondern wo das Wort ist, da tappe nach, so ergreifst du ihn recht« (WA 19, 492).

Aber wo ist Gott für uns da? Doch nur in einer Wirklichkeit, die wir fassen können, in einem Wort, daß *zu uns* gesprochen wird, das wir verstehen in unserer eigenen Sprache. »Im Anfang war das *Wort«* – das Wort Gottes, das Geheimnis unseres Lebens, das Licht der Menschen, in dessen Schein wir unser Leben begreifen können. Weil wir aber in unserer Finsternis, in der Begrenztheit unseres Seins und Denkens es nicht direkt verstehen, darum kann dies Wort nicht direkt zu uns kommen, sondern es muß unsere eigene Gestalt annehmen: der Sinn muß selbst die Gestalt eines menschlichen Lebens annehmen, das Wort muß Fleisch werden. Was so paradox und so unwahrscheinlich klingt, ist im tiefsten vernünftig, logisch: Gott, der Sinn, muß Mensch werden, wenn wir den Sinn begreifen sollen. Deshalb kann Johannes von einem *Menschen,* einem fleischlichen, geschichtlichen Menschen wie wir, sagen, was doch nur Gott gebührt: »Wir *sahen* seine Herrlichkeit, die Herrlichkeit als des eingeborenen Sohnes vom Vater voller Gnade und Wahrheit.« Die Herrlichkeit Gottes direkt anzuschauen ist uns nicht möglich. Sie blendet wie die Sonne, und wir sehen nur Dunkelheit. Was Herrlichkeit Gottes und Sinn der Geschichte und des Lebens sein könnte, das sehen wir nur an einem Gott, der Mensch geworden ist: an seiner Gnade und Wahrheit.

Der Satz, daß Gott Mensch geworden ist, sagt sich so leicht dahin, weil wir ihn kennen. Aber selten erfassen wir das ganze Ausmaß dessen, was damit behauptet wird. Die Kirche hat Jahrhunderte um die Frage gerungen, wie sich denn Gottheit und Menschheit verhalten, wenn Gott Mensch wird, ob die Gottheit nicht die Menschheit verschlingt? Antwort darauf werden wir nur durch den ganzen zweiten Artikel des Glaubensbekenntnisses finden, der von Christus spricht. Zunächst wollen wir nur eines herausgreifen: »Jesus Christus, Gottes eingeborener Sohn, unser Herr« – das heißt: wenn Gott Mensch wird, in einem Menschen zugänglich wird, dann erfahren wir nicht nur, *daß* Gott, der Sinn, in der Geschichte da ist, sondern an diesem Menschen erfahren wir dann auch, *was* Gott ist.

Wenn Gott, der umgreifende Sinn von Anfang her, in einem Menschen gegenwärtig wird, dann wird in diesem Menschen Jesus Christus nicht nur *damals* Gott erfahren, sondern dann muß solche Erfahrung auch *heute* möglich sein. Das sagt das Wort: Ich glaube an Jesus Christus, *unsern Herrn.*

Noch einmal: Wenn Gott Mensch wird, in einem Menschen zugänglich wird, dann erfahren wir nicht nur, daß Gott in der Geschichte anwesend ist, sondern auch, *was* Gott ist. Das Leben Jesu von Nazareth sagt uns dann eigentlich erst, wie Gott ist: nicht die blendende Sonne eines Sinnes, den wir nicht begreifen, sondern die Macht, die in ein menschliches Leben Sinn bringt als Gnade und Wahrheit. So sehen wir Jesus als den, der für die Würde des Menschen eintritt unter allen Umständen, auch gerade an den Grenzen: Er heilt die Kranken und Aussätzigen, er nimmt sich der Verachteten und Gescheiterten an, der Zöllner und Sünder. Sinn des Lebens, so lehrte uns schon das Kinderspiel, ist da, wo man etwas aufbaut, wo der Aufbau gelingt. Jesus baut die Menschen, denen er begegnet, wieder auf. Er richtet die Gefallenen auf, er gibt ihnen Mut, ihr Leben so anzunehmen, wie sie sind, mit allen bösen Erfahrungen. Auch an den negativsten Erfahrungen, so zeigt Jesus, kann Sinn für das Leben entstehen. Seht die Vögel unter dem Himmel; ohne den Willen eures Vaters fällt keiner vom Dach – seid ihr nicht viel mehr als sie? Jesus sammelt die Menschen um sich. Er tröstet sie mit seinem Wort: Her zu mir alle, die ihr mühselig und beladen seid! Er macht sie satt. Er fügt sie zusammen zu einer Gemeinschaft, die auch an ihm Gottes Herrlichkeit erfährt, die an ihm Gott glauben lernt: »Wer mich sieht, der sieht den Vater.« Diese Gemeinschaft lernt, auch über seinen Tod hinaus, Gottes Sein und Gottes Wirken in der Geschichte verkündigen und glauben.

Sinn des Lebens, so machten wir uns klar, ist da, wo man scheinbar sinnlose Teile zu einem geordneten Ganzen, einem Bild zusammenfügen kann, wo man Gedanken festhalten und mitteilen kann. Jesus fügt das scheinbar Sinnlose zusammen. In seinen Gleichnissen werden scheinbar sinnlose Geschehnisse sprechend: ein verlorener Groschen, auf den Weg gestreuter Samen, ja sogar das Unkraut unter dem Weizen und das Handeln mit geborgtem Kapital. Alles wird durchscheinend für Gottes Walten. Jesus fügt die sinnlos zerstreuten Menschen zusammen zu einer Gemeinschaft, in der der einzelne Geborgenheit findet und Sinn des Lebens.

Wenn aber in Jesu Reden und Tun wirklich Gott, der Sinn von Anfang an, seine Gnade und Wahrheit zeigt, dann kann das nicht nur damals geschehen sein, dann muß das auch heute geschehen. Statt schwieriger theologischer Begründung fragen wir nur eins:

Leuchtet dir auch heute ein, daß ein Hirte ein verlorenes Schaf sucht? Daß Liebe dort wirkt, wo man nicht nach Klasse oder Rasse, sondern nur nach der Not fragt, wie der Samariter? Daß ein rechter Vater seinen Kindern nicht nur Steine statt Brot gibt? Wenn du das verstehst, dann spürst du auch heute Jesu Macht, die aus solchen Erfahrungen den Sinn für unser Leben und für unsere Geschichte schenkt. Wenn das nicht reicht, wenn du vielleicht doch noch nicht genug Geborgenheit und Gemeinschaft findest, dann probier es doch einmal damit, daß du ihn wirklich Herr sein läßt, daß du seinen Weg gehst. Da sind Wunder verheißen. Er spricht: Wer mir nachfolgt, wird nicht wandeln in der Finsternis – und: Wer den Willen tut des, der mich gesandt hat, der wird erkennen, daß meine Lehre von Gott ist. Da wird der Sinn erfahren, da tut sich ein Füllhorn auf: »Von seiner Fülle haben wir alle genommen Gnade um Gnade.«

III. Hinweise

1. Ich erinnere mich, wo ich etwas aufgebaut habe in meiner Kindheit (Spiele), in meiner Jugend (Ideale), in meinem Beruf, in meiner Freundschaft.

2. Ich versuche, Sinn zu schaffen. Nur wenige Male war es das *Ergebnis,* das mir Sinn verschafft hat, fast immer nur der Vorgang, das *Tun.* Ich merke daran, daß ich »Sinn« nicht festhalten kann, daß es darauf ankommt, immer neu Sinn zu schaffen. Manchmal kann dies so aussehen, daß ich fast passiv bin, daß ich etwas aushalte, erdulde.

3. Ich lerne Sinn erfahren. Ich sehe an den Geschichten Jesu, wie er Sinn für die Menschen schafft und wie sie Sinn und darin Gott erfahren. Sie vermögen ihr Leben so anzunehmen, wie es ist, und gewinnen Mut, es weiterzuführen. Ich erinnere mich an die Menschen, die meinem Leben Sinn schenkten. Was bedeutete dies für mein Bild von Gott?

Neuanfang bleibt möglich

Was heißt:

Empfangen durch den Heiligen Geist,
geboren von der Jungfrau Maria?

Biblischer Bezug:

Galater 4, 4–5, und Lukas 1, 28 und 35

I. Die Fragestellung

Empfangen vom Heiligen Geist, geboren aus der Jungfrau Maria – das ist wohl der Satz im Glaubensbekenntnis, bei dem es für die Menschen die meisten Schwierigkeiten gibt. Da sagen die Naturwissenschaftler: Zeugung ohne einen Vater gibt es nicht! Da sagen die Literaturwissenschaftler: Die Jungfrauengeburt ist nur an zwei Stellen des Neuen Testaments bezeugt, eigentlich nur bei Lukas. Paulus sagt nichts davon und Johannes und die anderen Verfasser auch nicht. Da sagen schließlich die Dogmatiker: Man sieht nicht recht, welche große Bedeutung dieser Satz für den Glauben hat. Bei der Auferstehung ist's freilich etwas anderes, da geht es um ein Leben jenseits des Todes. Aber was hilft eine Geburt ohne Vater schon für unseren Glauben? Ja man kann auf heidnische Göttergeschichten verweisen, wo es öfter vorkommt, daß Götter sich mit schönen Menschenweibern einlassen und so Helden und Könige geboren werden. Wahrhaftig, wenn man die Kargheit und Sparsamkeit bedenkt, mit der das Glaubensbekenntnis seine Sätze auswählt, muß man sich wundern, warum es den Menschen diesen so schwierigen Satz zumutet: Empfangen von dem Heiligen Geist, geboren von der Jungfrau Maria.

Dem allen steht gegenüber das Bild des Engels und der »reinen Magd Marie«, wie es die Dichter und Maler aller Zeiten gepriesen haben von Fra Angelico bis zu Novalis. Ohne ein wenig Poesie wird es nicht abgehen, wenn wir das begreifen wollen. Freilich meinen wir nicht jene kleine Poesie, mit der wir unsere Phantasie spielen lassen, sondern jene große Poesie, die unser Leben selber ist – wie Kierkegaard sagt: Eines ist es, selber zu dichten, ein anderes, sich dichten zu lassen.

Vielleicht hilft dabei sogar ein Blick auf jene Göttergeschichten. Wie kann Gott zum Menschen kommen, so fragen wir. Jesus Christus, das heißt ja: »Gott wird Mensch – das Wort wird Fleisch.« Diese Behauptung, das Zentrum des christlichen Glaubens, hat nur Sinn, wenn sie zweierlei sagt: 1. es muß wirklich ganz menschlich dabei zugehen – ein anderer Gott nützt uns nichts; und 2. es muß wirklich etwas sein, was wir nicht schon von selber können, sonst können wir uns den Gedanken an Gott ersparen.

Gott wird Mensch, das heißt, es muß dabei ganz menschlich zugehen. Wer einmal eine Geburt gesehen hat, und sei es nur im Fernsehen, der weiß, wie es dabei zugeht. Der weiß von Schmerzen und Stöhnen, von Blut und dem hilflos zappelnden Neugeborenen. Der Gott, von dem das Christentum spricht, steigt nicht wie die Götter der Heidendichtungen vom Himmel herab auf einem strahlenden Roß oder in einem goldenen Wagen; er hat das ganz Menschliche an sich, ja sogar die Armut eines Flüchtlingskindes, das im Stall geboren wird. Das hören die Menschen eigentlich nicht so gerne, weil unsere Phantasie von Gott lieber in die Höhe steigt, zu Thronen und Kronen, zu Engelschören und Goldglitzer. So ist es die erste Irrlehre gewesen im Christentum, gegen die der Glaube sich schon im Neuen Testament wehren mußte: daß Jesus gar nicht wirklich Mensch geworden sei. Er habe nur zum Schein menschliche Gestalt angenommen, sozusagen als Verkleidung. Gegen diesen Märchengott wenden sich die Apostel mit Leidenschaft. Daß Gott wirklich ein Mensch geworden ist wie wir aus Fleisch und Blut, das heißt nichts anderes, als daß das Heil wirklich unter die Menschen gekommen, menschenmöglich geworden ist. Ohne das bleibt alles fromme Illusion. Deshalb sagt Paulus mit Entschiedenheit: »Da die Zeit erfüllet war, sandte Gott seinen Sohn, geboren von einem Weibe und unter das Gesetz getan« (Galater 4, 4). Er ist kein Phantasiechristkind, sondern geboren von der Jungfrau Maria mit durchaus den gleichen Schmerzen und Schreien »unter dem Gesetz« wie jeder andere Mensch. Das sagt das Bekenntnis und daran hängt alles, was Jesus an Hilfe und Heil für Menschen sein kann.

Aber freilich, gleichzeitig muß diese Menschengeburt, die für den christlichen Glauben eine so große Rolle spielt, noch etwas anderes sein, etwas, was wir Menschen uns nicht schon von selber geben können. Sonst könnten wir uns alle diese Überlegungen, ja vielleicht sogar den Gedanken an Gott dabei ersparen. Daß in dem Menschen Jesus Gott da ist, das können Menschen nicht selber machen, dazu kann kein Mensch etwas tun. Denn als die Menschen selbst sein wollten wie Gott, ging das Paradies verloren. Wenn der Mensch von sich aus den kleinen Herrgott spielen will, geht er daran zugrunde. Wenn aber der Mensch, ein wahrhaftig geborener Mensch, *Gott* sein soll, das Heil, die Befreiung von allem menschlichen Versagen, dann kann das nicht aus menschlichem Planen geschehen, nicht, wie Johannes sagt: aus dem Willen eines Mannes, der ein Kind erzeugt. Das kann nur aus Gottes Geist selbst geschehen. Das sagt jener Satz: Empfangen von dem Heiligen Geist.

Aber gibt es das überhaupt, ist das nicht eben doch ein Märchen »in tausend Bildern lieblich ausgedrückt«? Das ist eben die Frage: Kann der Mensch *heil* werden? Auch diese Frage stellt sich in tausend Gestalten: in den Rehabilitationszentren der Behinderten und Unfallkranken, in den Resozialisierungsbemühungen bei Strafgefangenen – dort, wo ein Stück unseres Lebens unwiderruflich zerbrochen ist –, ja vielleicht schon da, wo der deprimierte Mensch morgens aufstehen soll und die Zentnerlast in den Schultern spürt. Die Schwierigkeit, im Winter aufzustehen vom Schlaf, kann für den Apostel zum Gleichnis werden: Gibt es einen Neuanfang im Leben? Das kann niemand beweisen. Das kann man nur glauben und es daraufhin wagen. Das ist die ärgerliche Situation mit dem Glauben. Das bezeugt der Satz: Empfangen vom Heiligen Geist. Er macht darauf aufmerksam: Neuanfang und Heil im menschlichen Leben ist niemals einfach selbstverständlich, sondern muß geglaubt und daraufhin gewagt werden.

II. Zur Betrachtung

Was die Christenheit im Bilde der Jungfrau Maria von Anfang an gemeint hat, führen wir uns nochmals vor Augen, wie es im Evangelium gezeichnet wird. Gabriel, der Engel, tritt zu der Frau, die fast noch ein Kind ist: »Gegrüßet seist du, Maria, du Holdselige. Der Herr ist mit dir, du Gebenedeite unter den Weibern. Du hast Gnade bei Gott gefunden . . . Siehe, du wirst einen Sohn gebären, dessen Namen sollst du Jesus heißen…, denn er wird sein Volk selig machen von ihren Sünden« (Lukas 1, 28ff.; Matthäus 1, 21).

Wenn wirklich in der immer schon verfahrenen Geschichte des Menschen Neuanfang geschehen soll, dann ist das in jedem Fall etwas Ungewöhnliches und Außerordentliches, was sich nicht einfach als Folge in der Kette menschlicher Wirkungen ergibt. Womit es beginnt, ist, daß ein Mensch den Ruf zum Außerordentlichen hört, wie Maria. Dabei denken wir nicht nur an die viel beredete Gefahr, daß Maria in Schande gerät. Für das Heil bereit sein, das heißt für das Außerordentliche bereit sein, das heißt mehr als heute und morgen unsere alltäglichen Pflichten tun, Geld verdienen, Essen kochen, Kinder erziehen. Es heißt bereit sein, daß Gott durch uns in dieser Welt wirklich etwas Neues, etwas zum Heil auch für andere Menschen tun will. Das verlangt den ganzen Menschen. So sagt Luther: Niemand lasse den Glauben daran fahren, daß Gott gerade durch ihn noch eine große Tat tun will.

»Maria sprach zu dem Engel: Siehe, ich bin eine Magd des Herrn, mir geschehe, wie du gesagt hast.« Maria ist bereit, den Ruf zu hören und sich an ihn, an ihre Aufgabe hinzugeben.

Darum ist Maria das Urbild des Glaubens, ja das Urbild der Kirche geworden. Denn die Kirche kann nur dann mit Recht ein Mittel des Heils genannt werden, wenn sie sich Gottes Ruf und Wirken hingibt und spricht: Siehe, ich bin des Herren Magd, mir geschehe, wie du gesagt hast. Das gilt auch für jeden von uns immer wieder. Nur wo wir zu Gott sprechen: Wir sind für deinen Willen da, uns geschehe nach deinen Worten – da kann das Heil unter die Menschen und zu uns selbst kommen. Da ist Neuanfang möglich.

Wir beten nicht wie andere Christen mit den Worten des Engels den Rosenkranz, und dennoch sollten wir davor Respekt haben und bedenken – vielleicht indem wir Mariendarstellungen aus der Kunst einmal still anschauen –, ohne Maria gibt es keinen Jesus! Ohne die Bereitschaft, alles hinzugeben, wie es eine Mutter für ihr Kind tut, gibt es kein Heil. Deshalb verehrt die Christenheit Maria, die reine Magd. Weil Gott in Jesus ein Mensch ist, darum kann eine menschliche Mutter die »Gottesmutter« heißen. In der Muttergottes verehren wir deshalb die menschliche Mutter, deren Bereitschaft und Hingabe immer neuen Menschen das Leben gibt, die an den Neuanfang, das Heil glauben und es in diese Welt bringen. Wer das erfährt, kann mit dem Engel und der Elisabeth sprechen: »Gegrüßet seist du, Maria, voll der Gnade, der Herr ist mir dir, du bist gebenedeit unter den Weibern, und gebenedeit ist die Frucht deines Leibes: Jesus.«

III. Hinweise

1. Wir sollten überlegen, wie Gott im menschlichen Leben gegenwärtig sein kann. Dabei stellen wir in Rechnung: Es muß ganz menschlich dabei zugehen, und es muß etwa sein, was wir nicht von selber können. Wir sollten die Augen offenhalten für alles menschliche Geschehen, das wir erfahren: Kommt Gott darin?

2. Wir sollten überlegen: Wie kann Gott zu mir kommen? Ich erfülle meine alltäglichen Pflichten. Ich bin bereit, mich

einzusetzen. Dabei stoße ich auf Grenzen, wo ich etwas nicht mehr selber kann oder wo mir etwas widerfährt. Dabei kann es sein: Ich gebe mich meiner Aufgabe ganz hin und erfahre Gott. Ich gebe mich dem hin, was mir widerfährt, und begegne darin Gott.

3. Ich begegne der Frage: »Kann der Mensch heil werden?« in vielen Situationen. Wie werde ich mit ihr fertig? Schaue ich aus nach dem »Außerordentlichen«? Kann ich den Glauben gewinnen, daß Gott durch mich eine besondere Tat tun will? Wieviel bin ich selbst bereit, dafür einzusetzen? Kann ich mich der Erfahrung öffnen: Gott begegnet immer neu und immer anders, als wir es uns vorstellen?

Leiden kann Heil schaffen

Was heißt:

Gelitten unter Pontius Pilatus,
gekreuzigt, gestorben und begraben?

Biblischer Bezug:

2. Korinther 5, 14–20

I. Die Fragestellung

Leiden von Menschen – das ist trotz allem, was wir in der christlichen Kirche darüber lehren und predigen mögen, für Christen und Nichtchristen eines der heikelsten Kapitel des Glaubens. Damit sich zu beschäftigen, das kann wohl ratlos oder sogar bösartig machen. Das merken wir, wenn wir unser Verhalten oder das anderer Menschen gegenüber der Erfahrung von Leiden beobachten.

Leiden muß man verstecken – so könnte man eines der ersten Prinzipien unseres Verhaltens umschreiben. So hat man uns erzogen: nicht unseren Jammer im Gesicht oder auf den Lippen zu tragen, sondern die Zähne zusammenzubeißen und alles zu tun, um den anständigen Anschein dieser Welt und unseres Lebens zu bewahren. Wir wollen zeigen, daß wir Leiden, das jeden Menschen ereilen kann, mannhaft zu tragen wissen. Eine schon problematische Folge dieser Haltung ist es, daß wir Kranke und Behinderte gerne verbergen, nicht im Hause behalten, sondern nach Möglichkeit in entsprechenden Anstalten verwahren.

Gleichzeitig aber kann man im Verhalten der Menschen eine fast angstvolle Gier beobachten, Leiden zu sehen. Bei schweren Unfällen strömen die Menschen als Zuschauer in solchen Mengen herbei, daß oft sogar die Rettungsarbeiten dadurch behindert werden, und die Illustrierten sind voll mit greulichen Bildern menschlichen Leidens, das man früher niemals so gezeigt hätte.

Leiden weckt auch Empörung. Die Bilder der Greuel von den Kriegsschauplätzen, vor allem aus Vietnam, haben wir noch in Erinnerung: die fassungslos weinende alte Frau vor der Leiche ihres ermordeten Sohnes und das hungrige Kind, das seine Eltern verloren hat. Das brachte eine ganze Jugend vor Zorn auf die Straßen. Doch andere Menschen brachte das wieder auf gegen diese Jugend, die ihrerseits Leiden anzurichten schien. Die Zeitungen befehdeten sich gegenseitig über die Schuldfrage. Kaum einer dachte noch am Ende an die Opfer.

Das Schlimmste ist: Leiden läßt an Gott verzweifeln. In dem Buch »Die unverzagte Stadt« beschreibt Erich Kiesel die Terrorangriffe auf Hamburg. In einem Keller der Hammerbrookstraße sitzen Menschen beisammen in der brennenden Hölle des zweiten Angriffs und singen in ihrer Angst Choräle, bis sie einer nach dem anderen still ersticken. Wo ist in solchen Leiden Gott zu finden? Wie kann Gott dies zulassen?

II. Zur Betrachtung

Der christliche Glaube weiß die Antwort auf diese Frage nicht. Er weiß nur, daß man nicht direkt antworten kann, etwa indem man sich auf den Gott der biblischen Offenbarung beruft. Denn den Gott dieser Offenbarung, den erblickt das Glaubensbekenntnis selbst in Menschengestalt, von hinterhältigen Feinden an das Kreuz, an den Galgen gebracht und gequält. Er muß selbst bis zum Tod leiden und ruft: Mein Gott, warum hast du mich verlassen? Wie könnten wir die Antwort wissen, wenn Jesus sie nicht weiß?

Kann Leiden Heil schaffen? Das Glaubensbekenntnis

verweist eben auf den sterbenden Mann am Kreuz und sagt *ja:* »Für euch gegeben und vergossen.« Jesus *weiß* die Antwort auf das Leiden nicht, Jesus *ist* die Antwort auf das Leiden. Wenn Christen das Kreuz aufstellen, wenn wir uns mit dem Kreuz bezeichnen, dann sagt das eben: Das Leiden, das »Kreuz« zeichnet uns alle, die wir leben. Wer es mit Jesus versucht, der muß sein Kreuz auf sich nehmen und ihm nachfolgen, in der Hoffnung, daß es das Kreuz Jesu ist, das Heil schafft.

Aber wie kann das Leiden eines Menschen solche Wirkung haben? Um das zu verstehen, haben die Kirchenväter ein kunstvolles System von Glaubenssätzen geschaffen, das im Neuen Testament schon anhebt und in den Passionsliedern unserer Kirche nachklingt. Leiden, das erscheint als eine Folge des Fluches, der auf der Menschheit liegt. Jesus hat diesen Fluch getragen für alle Menschen, so daß sie im Leiden und durch Leiden hindurch das Heil finden. So heißt es im Liede: »Nun, was du, Herr, erduldet, ist alles meine Last, ich hab es selbst verschuldet, was du getragen hast.«

Wir können aus der Fülle tiefer und oft schwer verständlicher Erfahrungen nur einen Gedanken herausgreifen, der uns vielleicht am leichtesten die Tür auftut zum Verständnis solcher Erfahrung. Es ist das, was Paulus über die Bedeutung der *Stellvertretung* sagt. »Denn dazu drängt uns die Liebe Christi: Wir sind ja überzeugt: Wenn einer für alle gestorben ist, so sind sie alle gestorben. Und er ist darum für alle gestorben, damit die Lebenden hinfort nicht für sich selbst leben, sondern für den, der für sie gestorben und auferstanden ist« (2. Korinther 5, 14 f.). Jesus, so wird hier behauptet, hat etwas Stellvertretendes getan, was alle die Menschen, die sich von ihm bestimmen lassen, mit hineinnimmt in seinen Weg und seine Stellvertretung. Um das zu verstehen, müssen wir uns das Bild des Menschen Jesus vor Augen stellen. Jesu Leben ist erfüllt von Helfen und Heilen, ja es geht darin auf. Er ermöglicht den Menschen, die ihn um Hilfe bitten, die leiden, ein neues Leben. Er leistet deshalb, was sie von sich aus nicht leisten können; sein Tun ist eine einseitige Vorleistung. Am schroffsten wird diese Einseitigkeit der Vorleistung von ihm ausgesprochen in der Bergpredigt:

»Liebet eure Feinde; tut wohl denen, die euch hassen; segnet, die euch verfluchen; betet für die, die euch verfolgen. Denn so ihr nur liebet, die euch lieben, was habt ihr für Lohn davon? Das tun auch die Heiden.«

Eben diese einseitige Liebe führt Jesus ins Leiden, führt ihn auf den Leidensweg der Liebe. Die Forderung Jesu ist den Menschen zu radikal, sie wird unerträglich, sie bringt ihm Feindschaft und Verfolgung ein. Kein Zweifel, was immer an Gründen in Jerusalem dann vorgeschoben wird, den Tod muß Jesus erleiden wegen der radikalen Forderung der einseitigen Liebe, der Stellvertretung, die er selbst erwies. Wegen eines solchen Grundes kann man keinen Menschen hinrichten. Die Passionsberichte zeigen, wie mühsam den Behörden der Justizmord wird. Dennoch ist er begründet in der Radikalität der Liebesforderung Jesu. Seine Forderung, Stellvertretung füreinander zu leisten, Frieden zu stiften, scheint unerträglich. Das zeigt sich, wenn dergleichen etwa in der Gegenwart wiederholt wird, wenn die Forderungen der Bergpredigt zu deutlich erhoben werden, etwa gegenüber den Völkern der Dritten Welt, wo doch heute Stellvertretung und einseitige Vorleistung gerade der Mächtigen gefordert wäre. Auch da wird Empörung, Zorn, wenn nicht Verfolgung angerichtet.

Dennoch gilt, was heute auch manche Philosophen sagen: Ohne Verwirklichung von Jesu Haltung und Forderungen, ohne Verwirklichung der Bergpredigt gibt es keine Hoffnung auf das Überleben der Menschheit. Nur wenn das Gesetz der Gegenseitigkeit »Auge um Auge, Zahn um Zahn« überwunden werden kann durch die einseitige Vorleistung, die liebt, wo wir Feindschaft erfahren, die segnet, wo wir angegriffen werden, kann die Eskalation der Gewalt in dieser Welt zum Stillstand kommen. Nur wenn wir nicht unsere Selbstbehauptung und die unseres Volkes, unserer Wirtschaft, unseres Lebensstandards allein im Auge haben, sondern wenn wir bereit sind zur Stellvertretung für alle anderen, die auch die Bereitschaft zum Leiden einschließt, nur dann kann es Hoffnung geben für diese leidende Welt, die von Spannungen, Drohungen und Haß geschüttelt wird.

Da erweist sich die Wahrheit des Weges Jesu, die Wahrheit des Leidensweges der Liebe. Die Macht seiner Versöhnung reicht weit über den Bereich derer hinaus, die ihm im Glauben und in der Gemeinschaft der Kirchen angehören. Das meint sein letztes Wort: »Gehet hin in alle Welt und machet zu Jüngern alle Völker.« Wenn diese Macht sich durchsetzt, wenn wir erkennen, es geht nicht anders, dann sind auch die namenlosen Leiden der Menschen in dieser Geschichte nicht umsonst gewesen.

Was im Großen gilt, das gilt auch im Alltäglichen unseres Lebens. Unsere Probleme mit der Erziehung, unser Nichtfertigwerden mit der Jugend, die Konflikte in den Ehen und woran man nur denken kann, das alles kann nur gelöst werden, wo es Menschen gibt, die bereit sind zur Stellvertretung – zur einseitigen Vorleistung – und, wenn es nötig ist, zum Leiden. Menschliches Leben, nicht nur das der Säuglinge, sondern aller Menschen Leben überhaupt, lebt von der einseitigen Vorleistung anderer, das heißt von der Bereitschaft, füreinander auch etwas zu leiden, von der Bereitschaft, als erster die Hand zur Versöhnung zu reichen. Nur solche Bereitschaft zum Leiden kann Heil schaffen. So hat Paulus die Macht des Leidens Christi verstanden: als Macht der Versöhnung. Was da in Jesu Weg bis zum blutigen Kreuz geschah, das beschreibt er mit den Worten: »Gott war in Christus und versöhnte die Welt mit sich selber und hat unter uns aufgerichtet das Wort von der Versöhnung.«

Wenn man das wirklich erfährt, dann kann es einen nicht unberührt lassen, dann wird es selbst zu einer Macht, die einen verwandelt. Darum gilt nicht nur für den Apostel, sondern für einen jeden, der das Leiden Jesu als Macht der Versöhnung begreift: Du gehörst dazu. »So sind wir nun Botschafter an Christi Statt, denn Gott ermahnt durch uns; so bitten wir nun an Christi Statt: Lasset euch versöhnen mit Gott.« Das gilt für jeden von uns. Wir Christen bleiben glaubwürdig nur, wenn wir aufstehen und Jesu Weg gehen, damit in dieser elenden und bedrohten Welt aus Leiden Heil werden kann.

III. Hinweise

1. Wir sollten uns fragen: Wie stehe ich gegenüber dem Leiden? Muß ich es verbergen? Kann ich es ansehen? Bewegt es mich zum Zorn, zum Mitleid, zum Mit-Leiden?

2. Ich versuche zu unterscheiden: Leiden, die ich überwinden kann, von solchen, die ich hinnehmen muß. Ich muß diese Unterscheidung immer neu üben, bei mir wie bei anderen.

3. Kann Leiden Heil schaffen? Gibt es eigenes Leid, das mir die Augen öffnet für das Leid anderer? – Das Verhalten Jesu macht darauf aufmerksam, wie menschliches Leben von der einseitigen Vorleistung anderer lebt: im Verhältnis von Eltern und Kindern, im Verhältnis von Mann und Frau, in der Überwindung von Konflikten. Wenn wir Spuren davon in unserem eigenen Leben finden können, erfahren wir, was »Versöhnung« heißen kann.

Nichts geht verloren

Was heißt:

Hinabgestiegen in das Reich des Todes?

Biblischer Bezug:

Philipper 2, 5–11

I. Die Fragestellung

Vor Jahren erregte ein Film großes Aufsehen – er ist auch heute noch in den Studiokinos zu sehen: Jean Cocteaus Film »Orphee«. Es war eine moderne Fassung der griechischen Sage von Orpheus, dem Sänger. Ihr Inhalt ist dieser: Orpheus hat ganz plötzlich seine geliebte Frau Eurydike verloren. Er ist völlig verzweifelt. Von seinem Klagegesang gerührt, geben die Götter ihm eine einzigartige Chance. Orpheus darf in die Unterwelt, die Welt der Toten, hinabsteigen und Eurydike zurückholen. Aber eine Bedingung wird gestellt: Er darf sich auf dem Rückwege nicht umschauen, sonst ist Eurydike verloren. Lange nimmt er sich nun auf dem Rückweg aus der Unterwelt zusammen. Aber zuletzt kann er die Ungewißheit nicht mehr aushalten, ob seine Frau wirklich folgt. Er blickt sich um. Da sieht er Eurydike hinter sich, aber mit Trauer weicht sie wieder zurück in die Unterwelt, er hat sie verloren.

Warum hat diese Erzählung Menschen aller Zeiten so bewegt, daß sie immer wieder erzählt und gestaltet worden ist? Wohl doch deshalb, weil Orpheus ein Sinnbild für ein Erleben ist, das uns alle angeht. Zu den härtesten Erfahrungen des menschlichen Lebens gehört es, daß wir das Liebste verlieren. Es gibt wohl kaum jemanden, der nicht davon weiß. Mancher Mensch erhält einen schweren Stoß, wenn er die Mutter verliert. Manche Eltern kommen in ihrem Leben nicht darüber hinweg, daß der geliebte Sohn gestorben oder gefallen ist. Die Witwe, die den Mann verlor, spürt eine große Lücke in ihrem Leben. Am schlimmsten ist es dann, wenn wir über das Schicksal unserer Lieben in Ungewißheit sind, wenn wir sie suchen müssen, wie es noch viele Jahre nach dem Kriege geschah.

In dem Film »Orphee« wird die Totenwelt dargestellt als eine endlose Stadt von Häuserruinen. Mancher mag sich noch erinnern, wie die Menschen in den Trümmern unserer zerbombten Städte nach den Angehörigen, nach einem Lebenszeichen suchten, bis die schreckliche Gewißheit kam: Sie sind nicht mehr da, sind verloren. Noch schmerzlicher ist es vielleicht, wenn wir Menschen bei lebendigem Leibe verlieren, weil sie sich uns entfremden, uns nicht mehr kennen wollen – manchmal die eigenen Kinder. Nirgends werden die Grenzen, wird die Ohnmacht unseres Lebens und Könnens deutlicher erfahren als darin, daß jemand uns verlorengeht. Das ist ein deutliches Zeichen dafür, daß unser Leben überhaupt dem Scheitern, der Ohnmacht, dem Tode ausgeliefert ist, wie es ein Lied aus der Pestzeit vom grimmigen Tod singt: »Nimmt mit Gewalt hin jung und alt, tut sich vor niemand scheuen, des Königs Stab bricht er bald ab und führt ihn an den Reihen.«

II. Zur Betrachtung

Wie kann der Mensch angesichts des Todes, angesichts der Erfahrung des Verlierens bestehen? Das ist die Frage, die Weise und Glaubende aller Zeiten bewegt hat. Die Christen haben von Anfang an in Jesu Weg eine Antwort darauf gesucht und gefunden. Jesus Christus, so hat die Alte Kirche gelehrt, ist der wahre, der bessere Orpheus. Wie er in seinem Leben die verlorenen Schafe, die verlorenen Menschen gesucht hat, so tut er das auch noch in seinem Leiden und Sterben. Er geht nicht nur zu den verlorenen Menschen in diesem Leben und gibt ein Beispiel dafür, daß wir keinen, solange er noch lebt, niemals aufgeben dürfen, er sei uns auch noch so entfremdet. Jesus geht sogar freiwillig in den Tod. »Er ward gehorsam bis zum Tode, ja zum Tode am Kreuz.« Er schreckt nicht zurück vor der äußersten Verlorenheit, vor dem Tod. Sondern er geht hinein in der Gewißheit: »Ich habe der keinen verloren, die du mir gegeben hast« (Johannes 17).

Darin unterscheidet er sich von Orpheus. Orpheus, das ist der Mensch wie wir alle, der sein Liebstes nicht verlorengeben will, der mit ganzem Herzen, mit ganzer Trauer daran hängt, so daß es ihn zuletzt selbst in die Totenwelt zieht. Aber Orpheus ist zugleich der Mensch wie wir alle, der nicht glauben kann, daß sein verlorenes Liebstes verloren ist. Er blickt sich um, und nun verliert er das Liebste erst recht. Gerade das *Umblicken,* die *Erinnerung,* macht uns den Verlust erst wirklich, erst bewußt, erst unwiderbringlich.

In Jesus sehen wir einen Menschen, der auch das Verlorene nicht verloren gibt. Aber er tut das so, daß er dem Tod nicht etwas abzubetteln, ihn nicht zu überlisten versucht. Sondern er nimmt den Tod ganz ernst, er bejaht ihn im Gehorsam gegen Gott und ist gerade *so* gewiß, daß auch im Tode der Mensch nicht verlorengeht, daß er überhaupt *für Gott niemals verlorengehen* kann. Jesus ist der Orpheus, der sich nicht umschaut, der nicht zurückblickt, gefangen in der Erinnerung, sondern hofft auf den Gott, der das Verlorene wiederbringen kann auch aus dem Reich des Todes. Daß Jesus hinabgestiegen ist in das Reich des Todes, das heißt dann: Es gibt überhaupt nichts, was für Gott endgültig verloren ist. Gott selbst ist noch in der äußersten Gottesferne, noch in der Hölle, wie es denn früher hieß: »Niedergefahren zur Hölle.« Noch in der Hölle, in der äußersten Gottesferne, ist Gott gegenwärtig, bleibt Gott die Macht, die das Verlorene sucht und zurückbringt.

Das alles klingt ja nun recht symbolisch, wenn auch die Erfahrung, daß wir unsere Liebsten im Tod und an den Tod verlieren, nichts Symbolisches, sondern etwas höchst Reales ist. Das

Gleichnis von der Unterwelt, vom Reich des Todes und von der Hölle, will uns nicht eine nebelhafte andere Welt vorgaukeln, sondern uns etwas sehr Wirkliches über dieses unser menschliches Lebens sagen. Daß Jesus auch in das Reich des Todes gegangen ist, das bedeutet zunächst: Es gibt keine noch so verzweifelte, noch so bittere, noch so verloren scheinende Situation, in der wir nicht noch Gott finden können. Auch wo wir an absolute Grenzen unseres Könnens und Vermögens stoßen, ist in dieser Grenze noch Gott. Wir brauchen deshalb an der Grenze nicht zu verzweifeln, sondern können sagen: Ja, mein Gott, wie du willst, so geschehe mir.

Vielleicht aber wird uns an der Erfahrung des Todes und des Verlierens noch etwas anderes deutlich, nämlich dies: Das Reich des Todes ist gar nicht so eine ferne Größe, die wir nur in Bildern malen können. Das Reich des Todes, das ist eigentlich unser Leben selbst, das ständig vom Tod umlauert, von der Herrschaft des Todes gezeichnet ist; denn wir alle tragen das Gerippe, das das Symbol des Todes ist, in unserem Leibe verborgen.

In Jesus sehen wir einen Menschen, der freiwillig diese Herrschaft, das Reich des Todes, bejaht hat und hinabgestiegen ist. Gerade daraus hat ihn Gott erhöht. Gerade wo er in die letzte Verlorenheit hineingeht, bezeugt er: *Nichts geht verloren,* auch in der äußersten Verlorenheit ist noch Gott. Weil der Mensch Gottes das Verlorene niemals aufgibt, darum ist es nicht verloren, darum geht nichts verloren.

Vielleicht hört sich das zunächst ein wenig blaß und lebensfern an. Aber in Wirklichkeit meint dieser Satz eine ganz ursprüngliche Weise, menschlich zu leben, so daß man Mut auch vor dem Tode behält und gewiß werden kann: Nichts geht verloren. Jesus hat dies in dem merkwürdigen Wort angedeutet, das wir schon oft genannt haben: »Wer sein Leben gewinnen will, der wird's verlieren, wer es verliert um meinetwillen, der wird's gewinnen.« Wer das Seine ängstlich hüten will vor jedem Verlust, der wird nur um so deutlicher erfahren, wie ihm nach und nach alles aus der Hand geschlagen wird. Wer aber dem Verlieren gelassen ins Auge schaut, der wird merkwürdigerweise erfahren, daß das Verlorene nicht verloren ist, sondern in Gottes Händen bewahrt bleibt, nicht nur unsere kleinen Schätze und Güter, unsere Lebensziele, sondern auch die Menschen, die uns nah und lieb sind. Wer nicht zurückblickt wie Orpheus, sondern sie getrost Gottes Händen überantwortet, der wird erfahren: Sie sind nicht verloren, sondern in Gott leben sie und sind auch für mich da, wenn sie gleich sterben. »Selig sind die Toten . . . sie ruhen von ihrer Arbeit, ihre Werke folgen ihnen nach.«

So ist Orpheus, so ist Jesus Christus für uns alle ein Bild unseres Lebens in der Erfahrung des Todes und des Verlustes. Während aber Orpheus in der Welt des Todes sich nicht beruhigen kann und zurückblickt, geht Jesus getrost seinen Weg und blickt nicht zurück in der Gewißheit: »Das Weizenkorn muß in die Erde fallen und ersterben, sonst bleibt's allein; wo es aber erstirbt, bringt es viele Frucht.« So sollen wir das, was uns an Leben verlorenging, ansehen – die Vatersorge, die Mutterliebe – als Samen in Gottes Acker, der viel Frucht bringt und lebendig bleibt in uns. So wollen wir auch uns selbst begreifen, wenn wir den Eindruck haben, unser Sorgen und Werken sei umsonst, unsere Mühe gehe verloren. Auch wir sind Samen in Gottes Acker, der, ob wir wohl vergehen, Frucht bringen kann in Gottes Menschenwelt, auch wo wir's nicht erleben, auch im Tode, auch über den Tod hinaus.

III. Hinweise

1. Wie verhalte ich mich zur Erfahrung des Verlustes in meinem Leben: eingesetzte Kraft, Zeit, Menschen, Liebe? Verlust erzeugt Ängste. Wie gehe ich mit ihnen um? Muß ich sie verdrängen? Kann ich sie annehmen? Hat die Erinnerung an Verlorenes Gewalt über mich, oder vermag ich diese Erinnerung zu bewältigen? Wie kann ich Liebgewordenes »aus der Hand geben«?

2. Der Satz »Es gibt keine noch so verlorene Situation, in der wir Gott nicht finden können« ist nicht beweisbar. Er ist ein

Versprechen, auf das hin wir Erfahrungen mit den Grenzen des Menschlichen machen können. Können wir Gott als die Grenze unseres Vermögens erfahren?

3. »Das Weizenkorn, das erstirbt, bringt viel Frucht.« Können wir Verlorenes erfahren als Saat, die nicht verdorben ist, sondern neues Leben ermöglicht?

Glaube ist Sieg, der die Welt überwunden hat

Was heißt:

Am dritten Tage auferstanden von den Toten, aufgefahren in den Himmel?

Biblischer Bezug:

Johannes 20, 24–29

I. Die Fragestellung

Jesus Christus ist am dritten Tage auferstanden von den Toten. Von diesem Satz hat das gesamte christliche Glaubensbekenntnis seinen Anfang genommen. Er ist das älteste Stück. Wir finden es schon im Brief des Apostels Paulus an die Korinther im 15. Kapitel als Bekenntnis formuliert. Christus ist auferstanden: Das trug die Gewißheit der ersten Christen, das führte den Glauben zum Sieg in der Alten Welt.

Gleichzeitig bereitet dieser Satz wohl mit die meisten Schwierigkeiten. Über die Auferstehung der Toten spotteten schon die Athener Philosophen, als Paulus zu ihnen davon sprach. Aber auch die Osterzeugen selbst sind voller Zweifel, wie die Geschichte von Thomas nur zu deutlich zeigt. Uns Heutigen geht es nicht anders. Die Ostergeschichten sind schwer zu einem Bild zusammenzufügen, so voll sind sie von Widersprüchen; vollends die Himmelfahrt scheint im Zeitalter der Raumfahrt zu unlösbaren Fragen zu führen.

Ich setze dagegen nun die Behauptung: Die eigentliche Schwierigkeit für den Glauben liegt nicht in der Schwerverständlichkeit der Geschichten und Vorstellungen, sondern viel tiefer. Sie liegt darin, daß wir alle von diesen Gedanken wie *Aufstieg* und *Auffahrt* vollkommen fasziniert sind, nur in gänzlich anderem Sinne als das Osterbekenntnis; deshalb haben wir solche Verständnisschwierigkeiten. Denn dieser Gedanke des Aufstiegs, des Emporkommens hat so sehr von den meisten Menschen Besitz ergriffen, daß sie sich dessen nicht einmal bewußt sind. Schon die Kinder dressiert man dazu, besser zu sein als ihre Gefährten. Der Konkurrenzdruck an den Schulen war nie so stark wie heute. Beruflicher Aufsteiger zu sein ist das leidenschaftliche Bemühen fast aller jüngeren Menschen, die überhaupt am Beruf Interesse haben. Die erste Lebenskrise setzt ein, wenn man merkt, es geht nicht weiter nach oben. Wie groß die Gier nach Aufstieg und Erfolg ist, zeigt, daß die Traumkarrieren aus ganz kleinen Anfängen zu ganz großen Positionen in Illustrierten und Fernsehen unzählige Leser und Zuschauer finden, obgleich es fast immer dasselbe ist. Immer größer, immer schöner soll das Leben werden im Glanz des Erfolges. Immer mehr Geld wollen wir verdienen. Die »Steigerungsrate«, das ist der Götze, auch wenn andere dadurch ihren Arbeitsplatz verlieren, die Wirtschaft ruiniert wird – erst in der Dritten Welt und dann bei uns.

»Auferstanden von den Toten, aufgefahren in den Himmel«, das ist die schärfste Absage an das Aufstiegsprinzip, an den Erfolgsgedanken überhaupt, die wir uns denken können. Vor allem das Johannes-Evangelium hat für die Vorstellung vom Aufstieg einen geradezu blutigen Hohn, wenn dort Jesus von der »Erhöhung des Menschensohns« spricht und damit die Kreuzigung meint. Daß der letzte Sinn des Lebens nicht im Aufstieg und Erfolg in dieser Welt liegt, sondern im Leidenkönnen und im Aufstieg allenfalls in den Himmel, das hat das westliche Christentum so gründlich vergessen, daß viele Menschen sich heute lieber an die östlichen Religionen wenden, die diese Weisheit noch besser bewahrt haben: daß der Sinn menschlichen Lebens nicht im weltlichen Erfolg, sondern in der Bewältigung der auferlegten Leiden liegt. Der Glaube, auch der Glaube an Jesus, meint zwar einen *Sieg,* aber nicht einen

Sieg, der diese Welt *gewinnt* – denn: »Was hülfe es dem Menschen, wenn er die ganze Welt gewänne« –, sondern »unser Glaube ist der Sieg, der die Welt *überwunden* hat« (1. Johannes 5, 4), wie Johannes sagt.

Das aber bedeutet auch die Überwindung des Erfolgsprinzips überhaupt. Deshalb ist es so schwer, an Ostern und Himmelfahrt zu glauben, weil wir den Sinn dieser Geschichten nicht verstehen können, solange wir das Erfolgs- und Aufstiegsprinzip für die Wahrheit über das Menschenleben halten. »Auferstanden von den Toten, aufgefahren in den Himmel«, das ist eben die Bestreitung des Erfolgsprinzips.

II. Zur Betrachtung

Das klassische Beispiel für diese Schwierigkeiten mit dem Osterglauben ist die Geschichte vom »ungläubigen Thomas« (Johannes 20, 24–29). Die Jünger gehören offenbar auch zu denen, die wie Petrus und andere sich von Jesu Wirksamkeit einen irdischen Aufstieg versprochen hatten: etwa die Befreiung Israels von seinen Besatzern oder einen Erfolg im prophetischen Handeln. Jesu Kreuzigung war das Ende, das Scheitern dieser Hoffnung und damit überhaupt der Zuversicht auf Jesus. Von einem Gekreuzigten kann man keine Hilfe mehr erwarten. Noch viel weniger kann man glauben, daß dieser offensichtlich irdisch Gescheiterte selbst die Hilfe ist. Deshalb sagt Thomas: »Es sei denn, daß ich in seinen Händen die Nägelwunden sehe und lege meine Finger in die Nägelwunden und lege meine Hand in seine Seite, so will ich's nicht glauben.« Das heißt: Daß dieser Jesus eben nicht als erfolgreicher Prophet, sondern als der Gescheiterte, als der Hingerichtete Kraft und Zuversicht zum neuen Leben zu geben vermag, das kann ich nicht glauben, wenn ich es nicht selber *sehe*.

Aber eben dies widerfährt Thomas. Jesus bricht ein durch die verschlossenen Türen des Zweifels und Unglaubens und fordert den Thomas zu dem schaurigen Versuch auf: Lege deine Hände in meine Wunden. Flieh nicht vor dem Tode als dem letzten Mißerfolg, sondern steck deine Hände da hinein, und dann lerne die große Umwertung, die Überwindung des Erfolgsprinzips. Sei nicht ungläubig, sondern gläubig.

Thomas antwortet: »Mein Herr und mein Gott!« In diesem Augenblick fällt es ihm wie Schuppen von den Augen. Der Sieg Jesu, das Heil für den Menschen ist nicht in weltlichem Erfolg, sondern gerade im letzten Leiden beschlossen – *nicht Aufstieg* in dieser Welt, *sondern Auferstehung* von den Toten im Untergang, das ist die Lösung auch für mein Leben. Du, der Gekreuzigte, zeigst mir den eigenen Weg: »Mein Herr« – und du, der Gekreuzigte, wirst mir zum Sinn meines Lebens: »Mein Gott«. Die Überlieferung berichtet von Thomas, daß er in dieser Einsicht nicht müßig blieb und nicht wankend wurde. Nach einem Leben der Mission erlitt er selbst den Märtyrertod, weil er statt des Aufstiegs, der die Welt gewinnt, den Sieg gewählt hatte, der die Welt überwindet.

»Selig sind, die nicht sehen und doch glauben.« Wie schwer das offenbar ist, zeigt die Geschichte der Kirche, die nach dem Siegc des Christentums eine weltliche Erfolgshoffnung nach der anderen hervorgebracht hat: das Heilige Römische Reich, die Weltherrschaft der Kirche bis zu den Utopien einer Theologie der Revolution. – Dabei wollen wir nicht sagen, daß, wer den Glauben gewonnen hat, nicht um der Liebe willen helfen sollte, das Los der Menschen in dieser Welt zu verbessern. Da ist wahrhaftig genug zu tun. Doch wer aus dem Osterglauben eine verbesserte Form des Erfolgsprinzips macht, der hat den Osterglauben verleugnet, dessen Bekenntnis müßte lauten: Auferstanden zu großen Leistungen, aufgefahren zur Weltherrschaft. So hätten die Alten eher den Teufel charakterisiert. Glaube ist kein Programm für die Weltverbesserung, sowenig er diese verachtet. Glaube ist der Sieg, der die Welt überwunden hat.

Hier ist nun der Ort, noch einmal von der seltsamen Wirklichkeit des Himmels zu sprechen, der trotz der Himmelfahrtsgeschichte eher in der Tiefe als irgendwo oben im Weltall zu suchen ist. Himmel, das ist die mit Gott versöhnte Schöpfung, die geheimnisvoll die Welt durchdringt. Deswegen kann Paulus von den Christen sagen: »Unser Wandel ist im Himmel« (Philipper 3, 20). Deshalb kann Jesus, der aufgefahren ist, im heiligen Abendmahl gegenwärtig sein. Himmel ist da, wo wir Friede in allem Streit erfahren, Geborgenheit in aller Heimatlosigkeit, Ruhe in aller Unstetigkeit, Vertrauen in aller Verzweiflung. »Niemand hat seinen Stand so hoch und groß gemacht als eine Seel, die sich in Gott zur Ruh gebracht« (Angelus Silesius).

Himmel ist da, wo wir von der Knechtschaft unter dem Erfolgsgedanken befreit sind, wo wir bei allem Eifer uns vom Aufstieg nicht mehr faszinieren lassen, weil wir nun den wahren Aufstieg kennen: die Freiheit von Sünde, Tod und Teufel, die in Jesu Sieg über den Tod und in seinem Aufstieg in den Himmel beschlossen ist.

III. Hinweise

1. Wir sollten überlegen, wo überall das Prinzip des Aufstiegs unser Leben prägt: im persönlichen Leben, in der Erziehung der Kinder, im beruflichen Fortkommen, im gesellschaftlichen Ansehen vor den Menschen.

2. Wie verhält sich der Satz des Menschensohns »Wenn ich erhöht werde von der Erde, will ich sie alle zu mir ziehen« zu unseren Zielen? Kann die Bewältigung auferlegten Leidens für uns zur Überwindung des Aufstiegs- und Erfolgsgedankens werden – nicht Aufstieg, sondern »Auferstehung«?

3. Vermögen wir den Himmel jetzt schon zu erfahren »unter dem Kreuz verborgen«, wenn wir befreit sind von der Knechtschaft unter dem Erfolgsgedanken? Wo suchen wir heute Geborgenheit, Ruhe und Vertrauen? Was hindert uns daran, Auferstehungserfahrungen heute zu machen?

Glaube weckt Zuversicht

Was heißt:

Er sitzt zur Rechten Gottes,
des allmächtigen Vaters;
von dort wird er kommen,
zu richten die Lebenden und die Toten?

Biblischer Bezug:

Matthäus 10, 27-33

I. Die Fragestellung

Glaube weckt Zuversicht. Zuversicht ist Vertrauen nicht nur in die Gegenwart, sondern auch in das, was kommen wird. Trotz aller Futurologen und Computer bleibt für uns die Zukunft immer im letzten Sinne das *Unvorhersehbare*. Das erfahren wir täglich. So kommt es wunderschön zum Ausdruck in dem Gedicht für ein Kind, das nicht schlafen kann:

»Die Nacht ist ein Fluß, mein Bett ist ein Kahn,
am einen Ufer stoße ich ab, am anderen lande ich an.
Morgen früh steig ich an Land, das Land, was ist's für ein Ort?
Ist niemand, der's weiß, niemand war vor mir dort.«

Trotz allem können Menschen es nicht lassen, nach der Zukunft zu fragen. Ich meine hier nicht die nüchterne, vernünftige Vorsorge, die jeder für morgen oder das nächste Jahr treffen muß, sondern ich denke an das gierige und unsinnige Verlangen vieler, zu wissen, wie die Dinge laufen oder sich entwikkeln werden. Mit dem Glauben hat solche Spekulation wenig zu tun, eher mit dem Aberglauben, wie die Astrologie, die Vorhersage aus den Sternen. Zwei Formen solcher Zukunftssorge sind unter uns im Schwange; die Hoffnung: Es wird immer besser - und die Befürchtung: Es wird immer schlechter. Auf der einen Seite stehen die Progressiven, die meinen: Es kann bei den elenden Verhältnissen der Gegenwart nicht bleiben, man kann und wird alles zum Besseren wenden. Auf der anderen Seite stehen die Konservativen. Sie haben den Eindruck, daß es mit allem, besonders mit Recht, Sitte, Bildung, Geschmack, von Jahrzehnt zu Jahrzehnt bergab geht. Diese Einstellungen wechseln in der Geschichte immer wieder ab, und wir alle haben in den letzten Jahren mehrfach den Umschlag von dem einen ins andere erlebt.

Fatal wird es, wenn beides hart aufeinandertrifft: in Parteien, zwischen den Generationen, oder auch in der Kirche. Die einen verlangen von ihr heftig, sich an die Spitze der Veränderung zu setzen; die anderen verlangen ebenso heftig, daß sie der Hort des Bestehenden bleibe. Nostalgie auf der einen Seite, Utopie auf der anderen.

Fortschrittsglaube und Verfallsglaube haben eines gemeinsam: Beide geben mehr vor, als sie wissen, denn keiner kann wirklich in die Zukunft schauen. Beide verabsolutieren Teilerfahrungen und sind deshalb Aberglauben. Und beide sehen das Heil anders als der Glaube: die einen in der Vergangenheit, die anderen in der Zukunft. Die Heilszeit des Glaubens aber ist die *Gegenwart.* »Er sitzt zur Rechten Gottes, des allmächtigen Vaters« – von dieser Gewißheit geht eine ungeheure Ruhe und Stabilität aus. Er *sitzt,* er rennt nicht ungeduldig voran, und er schaut nicht sehnsüchtig zurück, sondern er sitzt im Regimente. Diese Gewißheit für die Gegenwart ist es, was den Glauben trägt. Er sitzt zur Rechten, diese Gewißheit ist es, die wir brauchen, um einmal ruhig zu werden gegenüber der nervösen Hast, die bessere Zukunft zu schaffen, wie gegenüber der Angst, das Bisherige zu verlieren.

»Was war, mußt du nicht lang bedenken,
was kommen soll, ist auch nicht deine Pflicht.
Der Augenblick, drin du dich Gott kannst schenken,
der schenkt dir Ruh. O Seel, verlier ihn nicht!«
(Gerhard Tersteegen)

Wie der Glaube an Auferstehung und Auffahrt die Überwindung des Erfolgsprinzips ist, so ist der Glaube an Jesu Sitzen zur Rechten Gottes die rechte Überwindung des Fortschrittsprinzips und der Angst vor dem Verfall. Wenn sich in unserem Bewußtsein Unruhe und Angst ausbreiten, wenn wir an »die da oben« denken, von denen unser Geschick abhängt, so gibt uns der Glaube Ruhe und Zuversicht, weil für ihn über »denen da oben« immer noch »Christus sitzt zur Rechten Gottes« und uns vertritt. Weil das so ist, brauchen wir nicht für den morgigen Tag zu sorgen, sondern können uns der Fülle der Gegenwart freuen: der Lilien auf dem Felde, die zu blühen beginnen, und der Vögel unter dem Himmel, die ihr Frühlingslied singen.

II. Zur Betrachtung

Gibt es aber nicht doch eine Perspektive, in der das alles nicht so leicht zugeht? Werden wir nicht zugleich erinnert an den, der da kommt, »zu richtigen die Lebendigen und die Toten«? Zu den häufigsten und unangenehmsten Träumen gehören die Prüfungsträume: Wir sitzen wieder auf der Schulbank und haben alles vergessen. Wie sollen wir nur bestehen? Das erscheint wie ein Bild für unser ganzes Leben. Wir tragen alle dunkel die Ahnung in uns herum, daß man eines Tages Rechenschaft von uns fordern wird. Diese Ahnung ist so allgemein, daß fast alle großen Religionen und viele Philosophien vom großen Totengericht oder Weltgericht sprechen. Auch wenn kein Verstand die Richtigkeit dieser Ahnung beweisen kann, so kann erst recht keine Vernunft sie widerlegen, sie ist stärker. Und ist die Ahnung, daß man Rechenschaft von uns fordern wird, nicht der Grund für alles Rennen nach Fortschritt und alle Sorge über den Verfall?

Dennoch behaupten wir: Der Glaube, daß Jesus Christus kommen wird zum Gericht, ist die Überwindung des Fortschrittsgedankens und aller Unruhe. Das hat zwei Gründe. Einmal: Daß Gott *kommt,* das ist das Gegenteil von allem, was wir tun können. Dieser Satz meint gerade, daß die letzte Zukunft nicht von unserem Tun abhängt, sondern von dem, was wir nur erwarten können. Sorg, doch sorge nicht zuviel, es kommt doch, wie's Gott haben will. Auch die Haare auf dem Haupte sind uns gezählt.

Zum zweiten: Der, der das Gericht hält, soll kein anderer sein als Jesus Christus. Darin unterscheidet sich das christliche Glaubensbekenntnis nun von allen anderen Ahnungen von Totengericht und Weltgericht. Alle anderen Richter der Religionen fragen nach den guten Taten, nach Leistungen, nach dem vorbildlichen Lebenswandel. Da geht dann das große Aufzählen und Zagen an, wie wir es auf alten Bildern sehen, wenn gute und böse Taten gegeneinander aufgewogen werden. Der Richter Jesus Christus dagegen stellt nur eine einzige Frage: Wie stehst du zu mir? »Wer mich bekennt vor den Menschen, den will ich bekennen vor meinem himmlischen Vater.«

Damit ist nicht Personenkult und Katechismuswissen gemeint, sondern nur dies eine: Bekennst du dich zu Jesu Werk? Daß Vergebung und Liebe das letzte Wort haben und nicht die Leistung, die wir vorweisen; daß nicht der Ehrgeiz Gelingen des Lebens bedeutet, sondern die Liebe, die Stellvertretung für die Hilflosen, die Suche des Verlorenen; daß nicht, der die Welt gewinnen will, ans Ziel kommt, sondern der sie überwindet; daß es also nicht an jemandes Laufen und Rennen um Fortschritt liegt, sondern an Gottes Erbarmen? Kannst du das alles bekennen? Dann wird sich dieser Richter zu dir bekennen. Wenn in der Bibel vom Gericht nach den Werken gesprochen wird, so kann vor dem Richter Jesus Christus nur ein einziges Werk gemeint sein: das Leben aus dem Glauben. Denn der Glaube tut gewiß auch das Notwendige, aber er trägt es nicht auf dem Präsentierteller vor sich her, er läßt die Rechte nicht wissen, was die Linke tut, auch im Jüngsten Gericht. So kann Jesus bei Johannes sagen: »Wer an mich glaubt, kommt nicht in das Gericht.« Deshalb macht der Glaube, daß auch das letzte Urteil über uns und die Welt in den Händen Jesu Christi liegt, uns frei von aller Sorge für die Zukunft, von allem Fortschrittsfanatismus und aller Verfallsangst.

Kierkegaard vergleicht den Glaubenden mit dem Ruderer

in einem Ruderboot. Er legt sich in die Riemen, er schafft, daß das Schifflein weiterkommt, aber er rudert mit dem Rücken zur Zukunft. Er kann sich das leisten, weil der Glaube Zuversicht hat. Das Vertrauen, nicht nur die Gegenwart, sondern auch das, was kommen wird, wie gut oder schlecht, wie herrlich oder katastrophal das immer aussehen mag – für den Glaubenden wird es immer die Züge Jesu Christi tragen. Er spricht: »Siehe, ich stehe vor der Tür und klopfe an. So jemand meine Stimme hören wird und die Tür auftun, zu dem werde ich eingehen und das Abendmahl mit ihm halten und er mit mir« (Offenbarung 3, 20).

III. Hinweise

1. Wir sollten überlegen: Wie verhalte ich mich zum »Unvorhersehbaren« in meinem Leben? Lebe ich wirklich in der Gegenwart? Kann ich in ihr zur Ruhe kommen?

2. Erfahre ich in mir, wie mein Leben beurteilt wird? Im Gewissen? In Prüfungsträumen? Wo oder worin ist der Richter, vor dem ich mich fürchte, zu finden?

3. Kann ich die Angst vor dem Beurteiltwerden überwinden? Hilft dabei das Bild Jesu als Maßstab für mein Leben?

Leben kann schöpferisch werden

Was heißt:

Ich glaube an den Heiligen Geist?

Biblischer Bezug:

Johannes 14, 23–27

I. Die Fragestellung

Das christliche Glaubensbekenntnis setzt dreimal neu an. Im ersten Anlauf umgreift es den weitesten Kreis, der denkbar ist: Himmel und Erde, die ganze undurchschaubare Welt. Nur wenn wir ein Grundvertrauen gewinnen können, das alles umfaßt, können wir überhaupt Vertrauen haben und die Menschlichkeit auf solches Vertrauen gründen. »Ich glaube an Gott den Vater«, das ist die kürzeste Formel dafür.

Im zweiten Anlauf wendet sich das Glaubensbekenntnis einem geschichtlichen Menschen zu, der in einzigartiger Weise offenbar gemacht hat, was Gott und was der Glaube für den Menschen sein kann, nämlich das Gegenteil unserer Allerweltserfahrung: Liebe auch dort, wo man auf Dank nicht rechnen kann; Hoffnung auch und gerade im Scheitern, im Tode; Überwindung der alltäglichen Lebensweisheit, des Erfolgsprinzips und des Fortschrittsdenkens. »Ich glaube an Jesus Christus«, das ist die kürzeste Formel dafür.

Jetzt, im dritten Anlauf aber wendet sich das Glaubensbekenntnis zu dem innersten, engsten Kreis, an den Menschen heute und hier, an uns selbst. Und es sagt noch einmal: Ich glaube an Gott den Heiligen Geist.

Man hat darüber gestritten, welcher von den drei Artikeln der schwierigste ist. Der erste: der Glaube an Gott den Schöpfer – das fordert ein gewaltiges Vertrauen, aber dafür ist dieser Gott auch weit, und vieles mag offenbleiben. Der zweite: der Glaube an Gott in Jesus Christus – das hat die Schwierigkeit, daß wir Gott in einer bestimmten Gestalt der Geschichte finden sollen. Aber dieser Mensch hat, wo wir ihm begegnen, eine gewaltige Überzeugungskraft, die vielleicht am ehesten den Glauben abnötigt.

Der dritte Artikel schließlich: der Glaube an Gott im Heiligen Geist – da kommen wir ganz in die Nähe, näher geht's nicht: Gott, der in uns Wohnung macht. Das braucht man fast nicht zu glauben, aber da wird's auch am schwierigsten. Können wir *an Gott in uns glauben,* wie wir da sind?

Die ersten Christen hatten so viel Bedenken und Zweifel nicht wie wir späten und skeptischen Menschen. Sie erfuhren den Geist, er kam über sie wie ein Sturmwind der Begeisterung, daß sie in anderen Zungen redeten, prophetische Worte ausstießen und sangen. Die Christenheit hat solche Erfahrungen heute nur noch in Gruppen und Sekten, die Begeisterung haben wir eher den Hippies und Fans überlassen. »Begeisterung« ist der exakte Ausdruck dafür, wie der Geist von uns Besitz ergreifen kann, auch der Geist Gottes. Läßt sich der Zugang dazu von uns wiederfinden?

II. Zur Betrachtung

Wir können hier nur einen Versuch machen, und ich möchte dabei anknüpfen an eine Sammlung von Erfahrungen, die viele alte Pfingstlieder uns vorgehalten haben. Sie nennen meist drei Erfahrungen für Gott den Geist: Licht, Liebe, Hoffnung.

Zum ersten: Licht, das heißt, daß uns in Zweifel und Ungewißheit plötzlich eine Erleuchtung kommt, die uns unseren

Weg zeigt und Gewißheit gibt. In einer solchen Erfahrung, sagt das Glaubensbekenntnis, erfahren wir Gott in uns: »O Heiliger Geist, o Heiliger Gott, erleucht uns durch dein göttlich Wort. Lehr uns den Vater kennen schon, dazu auch seinen lieben Sohn.«

Gott kann nur durch Gott erkannt werden, so lehrten die Alten. »Wär nicht das Auge sonnenhaft, die Sonne könnt es nicht erblicken.« Wenn wir diese Gewißheit gewinnen, dann dürfen wir daraus schließen: Daß wir etwas so Ungewöhnliches und von uns Verschiedenes wie Gott überhaupt denken können, das zeigt bereits an, daß Gott in uns selbst Wohnung genommen hat. Die Alten haben sich das buchstäblich so vorgestellt, daß durch das Wort der Geist Gottes durch unsere Ohren in uns einzieht. *Gott aber ist das Licht,* und wenn das Wort von Gott uns Gewißheit gibt, dann haben wir nicht nur Licht in unserem Leben, sondern wir können selbst für andere zur Orientierung, zum Lichtzeichen werden. So haben wir's an den Menschen erfahren, die unserem Leben Richtung gaben, das rechte Wort zur rechten Zeit. Wer das rechte Wort zur rechten Zeit sagen kann, der bringt Licht, Orientierung, in ein Leben. Darin wirkt Gottes schöpferischer Geist, der am Anfang aller Dinge sagt: Es werde Licht.

Zum zweiten: Erleuchtung, das bedeutet nicht nur Klarheit des Verstandes, sondern Entflammen des Herzens. *Der Geist ist die Macht der Liebe,* wie Jesu Wort zur Liebe ruft: »Wer mich liebt, der wird mein Wort halten, und mein Vater wird ihn lieben, und wir werden zu ihm kommen und Wohnung bei ihm machen.« – »O Heiliger Geist, o Heiliger Gott, gib uns die Lieb zu deinem Wort. Zünd an in uns der Liebe Flamm, danach zu lieben allesamt.«

Wo Liebe aufblüht, da wird Begeisterung erfahren. Das sehen wir an den Verliebten. Liebe vermag Menschen, die wenig sagen, plötzlich beredsam zu machen, um der Geliebten in immer neuen Worten zu versichern, was doch über alle Worte hinausgeht: das Feuer der Liebe. Liebe weckt die Phantasie. Liebe braucht keine Vorschriften, um zu wissen, was dem Geliebten not und nützlich ist, sondern sie entdeckt es von selbst.

Was ist schöner, als in Gedanken darüber zu verweilen, wie man dem Geliebten eine Freude machen kann? Liebe macht erfinderisch. Darin aber hat Liebe Anteil an der Macht des Schöpferischen selbst, Anteil an Gott. Hingebungsvolle Liebe ist eines der stärksten Zeichen für Gott. Hingebungsvolle Liebe, das ist die Erfahrung von Gott, die heute noch selbst da spürbar bleibt, wo die Kraft des Glaubens geschwunden oder gar erstorben ist. Wir sollten uns nicht scheuen, die Erfahrung phantasiereicher, erfinderischer, schöpferischer Kraft der Liebe als ein Abbild Gottes zu begreifen.

Zum dritten: Das Feuer der Liebe nun treibt den einzelnen über sein eigenes begrenztes Leben hinaus zur *Hoffnung.* Hoffnung aber ist die dritte Erfahrung, *in der sich Gott in uns ankündigt.* Hoffnung heißt, daß wir über die Grenzen unseres eigenen Vermögens hinausblicken und mit Neuem rechnen, auch wo dieses von der Vernunft nicht mehr zwingend begründet werden kann. »O Heiliger Geist, o Heiliger Gott, du zeigest uns die Himmelspfort. Laß uns hier kämpfen ritterlich und zu dir dringen seliglich.«

Hoffnung ist ein Vorausvertrauen, ein Kredit an die Zukunft, etwas, das wir nicht selber einlösen können. Darum ist Hoffnung ein Zeichen dafür, daß Gott in uns wohnt. Eben solche Hoffnung treibt uns aber auch über uns hinaus, anderen Menschen die eigene Gewißheit zu bezeugen und sie zu gewinnen. Begeisterung kann sich nicht in sich verschließen, sie drängt danach, sich den anderen mitzuteilen. So ist es die Wirkung des Geistes zu Pfingsten, daß die Jünger Jesu vor der Öffentlichkeit auftreten und ihr Zeugnis geben und anschließend in alle Welt ziehen, um ihre Gewißheit von Gott weiterzugeben. Nun ist gewiß nicht jeder von uns ein Missionar, nicht jeder von uns fühlt sich dazu gedrängt, seinen Nächsten zu belehren oder gar zu bekehren, und nicht jeder kann es. Aber eine Hoffnung, die in uns ist, strahlt aus auf andere, ob wir es wollen oder nicht. Wer selber Hoffnung hat, kann anderen zum Tröster werden. Damit übt er ein Amt des Heiligen Geistes aus. Wer selber Gewißheit hat, an dem können andere einen Halt finden. Wir haben früher einmal festgestellt, daß wir alle unseren Gottesglauben wohl an Menschen gewonnen haben, die für uns das repräsentierten, was wir erhoffen: Vertrauenswürdigkeit, Zuverlässigkeit, Versöhnungsbereitschaft, Geborgenheit. Nun ist die Reihe an uns. »Ich glaube an den Heiligen Geist«, das heißt: Ich glaube daran, daß auch ich berufen bin, Gott in meiner Welt zu repräsentieren, so daß andere daran Licht, Liebe, Hoffnung, Trost erfahren können. Ich brauche nicht Gott für mich zu beanspruchen. Es genügt, Liebe, Hoffnung und Trost glaubwürdig zu machen.

»Gott kann nichts anderes sein«, ruft Luther in einer Vorlesung aus, »als Lieb und Brunst. Deshalb sehet, daß ihr liebet, so wird Gott in euch.« Die Wirkung aber, in der alle Wirkungen Gottes in einem zusammengefaßt sind, nennt Jesus: *Friede.* »Den Frieden lasse ich euch, meinen Frieden gebe ich euch.« – »Selig sind die Friedfertigen«, ruft die Bergpredigt, »denn sie sollen Gottes Söhne heißen« wie der Christus selbst.

Vielleicht haben wir von Gott zu stolze, zu weltliche Vorstellungen, verführt durch die alten Bilder vom Himmelskönig oder durch die moderne Werbung mit ihrem Glanz. Wo wir nichts tun als Frieden stiften, freundliches Zusammensein mit unserem Nächsten, in dem Menschlichkeit gedeihen kann, da ist Gott mit all seiner Macht in uns. Wo wir das können in unserer Friedfertigkeit, kann die Welt Gottes Geist, Gottes Bild erkennen und uns als seine Söhne, in denen er wohnt.

III. Hinweise

1. Wir sollten nach Erfahrungen in unserem Leben suchen, wo uns in Zweifel und Ungewißheit plötzlich klar wird, was wir zu tun haben.

2. Wir sollten uns daran erinnern, wo uns Liebe zuteil wurde, die uns neue Möglichkeiten schenkte – oder wir selbst von Liebe ergriffen, erfinderisch und schöpferisch wurden.

3. Gibt es Erfahrungen, wo mich Hoffnung getragen hat? Gab es Gründe für diese Hoffnung? Wie kann solche bewährte Hoffnung Grund für neue Hoffnung werden?

Gemeinschaft schafft Gewißheit

Was heißt:

die heilige christliche Kirche,
Gemeinschaft der Heiligen,
Vergebung der Sünden?

Biblischer Bezug:

Epheser 4

I. Die Fragestellung

Wie kommt der Mensch mit dem Menschen aus? Das wird je länger je mehr die eine, große, bedrohliche, weil ungelöste Frage der Menschheit. Das gilt im Großen wie im Kleinen: ob wir an die Paraden der Superwaffen in Ost und West denken oder an die offenbar immer größere Schwierigkeit von Mann und Frau, von Eltern und Kindern, miteinander auszukommen. Die Verhaltensforscher, die den Menschen mit dem Tier vergleichen, geben hier ein düsteres Bild. Beim Tier regulieren die Instinkte das Auskommen miteinander. Bei den Naturvölkern tun es die Sitten und Gebräuche noch einigermaßen. Bei uns aber scheint nichts mehr zu funktionieren. Früher lebten die Generationen in einem Hause zusammen, sie schafften an einem Hof oder Handwerk. Auch für die Alten, die Unverheirateten, die Schwachen blieb da ein Platz. Heute dagegen sind diese Gemeinschaften weitgehend aufgelöst. Die Verstädterung sperrt die Kleinfamilie – Mann und Frau und bestenfalls noch ein oder zwei Kinder – in eine viel zu kleine Etagenwohnung, oft ohne Kontakt zu den Nachbarn. Wir alle kennen die furchterregenden babylonischen Vorstädte unserer Ballungsgebiete. Die Folge ist nicht nur Einsamkeit und Langeweile. Die Folge ist Verlust der Geborgenheit und damit Verlust des Sinnes; denn sich geborgen fühlen heißt den Sinn des Lebens erfahren. Die Erotik oder die Wohngemeinschaft erscheint manchen als ein letzter Ausweg, der noch Halt und Geborgenheit gibt. Das macht den Charme der Hippies aus. Aber: ach wie flüchtig, ach wie nichtig – Bestand hat dies nicht.

Daher wird dies je länger je mehr die eine große bedrohliche, weil ungelöste Frage der Menschlichkeit: Wie kommt der Mensch mit dem Menschen aus? Oder noch elementarer: Wie kommt der Mensch mit dem Menschen überhaupt zusammen? Wo darüber gesprochen wird, füllen sich die Säle. Was darüber geschrieben wird, wird verkauft. Aber es scheint nicht zu gelingen. Der Hunger nach Kommunikation, nach Gemeinschaft scheint größer, als daß er gestillt werden könnte. Daraus entsteht so etwas wie eine neue Religion: die Gruppe - eine Gemeinschaft von Menschen, die regelmäßig zusammenkommt und sich gegenseitig befragt, die die jeweiligen Bedürfnisse und Nöte sich gegenseitig sagt und gemeinsam erkennt.

In einer ähnlichen Umwelt ist das junge Christentum groß geworden. Es fand seine ersten Anhänger unter den entwurzelten Massen der griechischen Hafenstädte: Korinth, Thessalonich, Ephesus. Auch dort gab es den Hunger nach Sinn, nach Gemeinschaft, nach Geborgenheit, und offensichtlich hat der christliche Glaube auf die Menschen nicht deshalb Eindruck gemacht, weil er eine große und geheimnisvolle Theologie, Lehre über Gott und die Welt zu bieten hatte, sondern weil dort die Macht einer Gemeinschaft erfahren wurde, die es anderswo so nicht gab; weil der Gott, dem man hier diente, die Macht der Liebe selbst, die Macht der Gemeinschaft war. So wird es ja schon in der Apostelgeschichte von den Anfängen der Christenheit erzählt: »Sie blieben aber beständig in der Apostel Lehre, in der Gemeinschaft, im Brotbrechen, im Gebet« (Apostelgeschichte 2, 52). Lehre und Gebet, das gab es auch anderswo. Aber was die Christen auszeichnete, war eben die Macht einer Gemeinschaft, in der jeder geborgen war, jeder seinen Platz finden konnte.

Auch damals gab es übrigens andere Gemeinschaften, die manchen heutigen Versuchen verblüffend ähneln. Sie hatten ihr Wesen darin, die Tiefen der menschlichen Seele zu erforschen und so eine Erkenntnis höherer Welten zu vermitteln, damit der Eingeweihte mit seinem Schicksal fertig werde. Was aber den christlichen Glauben damals und heute von allen anderen Versuchen unterscheidet, das läßt sich am besten in diesen drei Punkten sagen: ein besonderes Verhältnis zur *Einheit,* ein besonderes Verhältnis zur *Heiligkeit,* ein besonderes Verhältnis zur *Vergebung.*

II. Zur Betrachtung

Christliche Kirche, das bedeutet zum ersten ein besonderes Verhältnis zur *Einheit.* Viele fragen heute nicht zu Unrecht, ob nicht die Kirche, die wir sehen, viel zuwenig von der Gemeinschaft zeigt, die sie eigentlich sein sollte. Ja blühen nicht deshalb die Gruppen an allen Orten, weil eben auch die Kirche zumindest in der Stadt den Menschen keine Heimat mehr zu geben vermag, zu sehr erstarrt in Riten, Herkommen, Organisationen? Wenn so auf Versäumnisse aufmerksam gemacht wird, können wir nur schweigen und versuchen, soweit unsere Kraft reicht, es besser zu machen: mehr Gemeinschaft, mehr Geborgenheit in unserem Handeln zu bieten. Aber eines unterscheidet die Kirche nun doch von all diesen alten und neuen Gruppen: ihr besonderes Verhältnis zur Einheit. »Seid fleißig zu halten die Einigkeit im Geiste durch das Band des Friedens, ein Herr, ein Glaube, eine Taufe, ein Gott und Vater unser aller.«

Eine merkwürdige Erfahrung der Gruppen ist es, daß nach einer Zeit die Menschen von dieser Gruppe abhängig werden, gewissermaßen nicht mehr selbständig sind, sondern ein Stück ihres Ich an die Gruppe abgeben. Das hat zur Folge, daß viele dieser Gruppen eine eigene Gruppensprache bilden, sich nach außen abschließen und nach außen eben nicht mehr offen sind und gemeinschaftsbereit. Demgegenüber ist die Gemeinschaft des christlichen Glaubens von Anfang an die *eine* gewesen durch die Völker und Zeiten. Das gehört zu ihren Wesensmerkmalen. Sie ist wesensmäßig Großkirche, *katholisch,* das heißt über die ganze Erde gebreitet: ein Herr, ein Glaube, eine Taufe. Das Verlangen nach der größtmöglichen Öffnung durch die Völker und Zeiten hat die Kirche zeitweise zu einer Feindin der Gruppen, der Sekten gemacht. Das war nicht immer zu ihrem Besten. Denn die Einheit ist doch nur erfüllt, wo der eine Geist es auch zu wirklicher Gemeinschaft kommen läßt. Aber noch ist kein Grund, zu verzagen. Denn an vielen Orten sehen wir, wie in der Kirche sich Gruppen zusammenfinden, für sich Gemeinschaft haltend und doch der einen Kirche geöffnet, wie es ihre Großveranstaltungen: Synoden und Kirchentage sinnfällig zeigen.

Christliche Kirche, das bedeutet zweitens ein besonderes Verhältnis zur *Heiligkeit:* Ich glaube an die heilige Kirche, Gemeinschaft der Heiligen. Heiligkeit bedeutet dabei nicht eine besondere moralische Vollkommenheit, sondern heilig heißt mit der Bibel: *was Gott gehört.* Deshalb nennt Paulus die Gemeinden ohne Unterschied, auch so fragwürdige wie die in den Hafenstädten: die »Heiligen – nicht weil sie so vorzüglich sind, sondern weil sie Gott gehören.

Hier zeigt sich wiederum ein Unterschied zu den mancherlei Gruppen, die sich heute bilden. Denn für Gruppen ist entscheidend, was sie selber oft so ausdrücken: daß alle sich *»einbringen«.* Das ist nun gewiß nichts Schlechtes, und auch von einer Gemeinde oder einem Kreis möchte man wünschen, daß alle dabei sind und aktiv mitwirken. Dennoch geht eine christliche Gemeinde nicht in dem auf, was wir alle mitbringen, etwa in die Kirche. Wäre es dieses, dann könnten wir unsere Kümmernisse und unseren Verdruß auf einen Haufen werfen und vielleicht Trost in dem Gedanken finden, daß es anderen auch nicht besser geht. Kirche wäre das nicht, sondern Kirche wird diese Gemeinschaft dadurch, daß sie nicht sich selbst gehört, auch nicht einer psychologischen Lehre oder politischen Ideologie. Das alles würde die Einheit zerstören und eine Gruppe gegen die andere aufbringen, wie es ja auch bei den verschiedenen

Gruppen und Schulen geschieht. Kirche werden wir dadurch, daß wir nicht uns selbst, sondern Gott gehören, der Macht der Liebe, der frohen Botschaft. Dabei hat jeder, durch die Völker und Zeiten, seinen kleinen besonderen Beitrag zu geben. »Er hat etliche zu Aposteln gesetzt, etliche aber zu Propheten, etliche zu Evangelisten, etliche zu Hirten und Lehrern, daß die Heiligen zugerichtet werden zum Werk des Dienstes, dadurch der Leib Christi erbaut wird« (Epheser 4, 11 f.). Nicht nur die Gemeinde, in der wir leben, sondern die ungezählte Schar derer, die im Glauben uns vorausgegangen sind, trägt uns und stärkt unsere Gemeinschaft und unseren Mut.

Schließlich drittens: Christliche Kirche, das bedeutet ein besonderes Verhältnis zur *Vergebung*. Vergebung heißt Verwandlung des Menschen aus einem Sünder – einem Besonderten, Vereinzelten, schuldig Gewordenen – zu einem, der geheilt, aufgenommen und der Gemeinschaft geöffnet ist. Wiederum unterscheidet sich die Kirche hier von der Gruppe. Gewiß, auch in der Gruppe wird die Absonderung, die Verschlossenheit überwunden. Der Mensch lernt seine Fehler zu korrigieren. Aber wenn das alles ist, dann ist doch das Leben der Gruppe eine geheime Selbstbestätigung, nur daß es nicht mehr das liebe kleine Ich des einzelnen, sondern das liebe, etwas größere Ich der Gruppe ist, um das sich nun alles dreht. Auch hier meint Kirche die größere, die nicht abgeschlossene Gemeinschaft, »auf daß wir nicht mehr Kinder seien und uns bewegen und wiegen lassen von allerlei Wind der Lehre«.

Die eine heilige allgemeine apostolische Kirche, das ist unsere Hoffnung: Sie dient nicht der Selbstbestätigung, weder des einzelnen noch der Gruppe, sondern der Macht der Liebe, von der der Mensch Geborgenheit und Überwindung seiner Sünde erfährt. Wir wollen uns nichts vormachen: Manche kirchliche Betriebsamkeit ist sicher nicht mehr als »Gruppengeist«. Aber durch das gemeinsame Glaubensbekenntnis wird die Tür immer wieder aufgestoßen. So kann eine Gruppe wirklich über den Egoismus zu fünf oder zehn hinauskommen, aber dann ist sie eben auf dem Wege zu dem, was wir von der Kirche erhoffen.

Letztlich werden wir von der Vereinzelung und Ungeborgenheit, von unseren Schwierigkeiten, mit den Menschen auszukommen, nur frei, wenn wir alles Eigene im großen Lebensganzen von Gottes Geist aufgehen lassen, wo wir uns selber sterben, um in Christus zu leben. Darum geht die Hoffnung der Kirche über den Tod hinaus. Doch was uns jetzt schon Kraft und Mut auf den Weg gibt, ist dies, daß die Gemeinschaft im Geiste in der Kirche des Glaubens und der Liebe immer neu entsteht, daß jeder von uns immer neu die Tür offen findet in die Gemeinschaft, die niemanden allein läßt mit seinen Lasten, die niemanden ausschließt: die eine heilige allgemeine und apostolische Kirche, der lebendige Christus unter uns.

III. Hinweise

1. Wie erfahre ich in meinem Leben, daß Gemeinschaft unter Menschen möglich ist? Reicht sie über die Familie, über die geschlossene Gruppe hinaus? Kann ich in der Vielfalt des Christentums, die ich erlebe, die eine Kirche sehen? Kann ich Trennwände abbauen und offen sein für größere Gemeinschaft?

2. Kann ich mich selber als »heilig« erfahren: das heißt, daß ich Gott gehöre und nicht mir selbst? Kann ich die Kirche, zu der ich gehöre und die so unheilbar scheint, als »heilige Kirche« anerkennen? Bin ich imstande, alle Menschen, mit denen ich zu tun habe, zu verstehen als Menschen, die Gott gehören?

3. Kann ich »Vergebung der Sünden« glauben? Kann ich selbst erfahrenes Unrecht wirklich als abgetan empfinden und mich denen, die es taten, aufschließen, so als wäre nie etwas geschehen? Ist es mit meinem Selbstbewußtsein vereinbar, daß ich selber Vergebung annehme, ja darum bitte?

Hoffnung läßt nicht zuschanden werden

Was heißt:

Auferstehung der Toten und das ewige Leben?

Biblischer Bezug:

2. Korinther 4, 7–11

I. Die Fragestellung

In zwölf Abschnitten haben wir uns bemüht, zu zeigen, was Glaube, was das christliche Glaubensbekenntnis für das menschliche Leben bedeutet: nicht eine Reihe mehr oder weniger schwer verständlicher Sätze, die man eben schlucken muß, wenn man Christ sein will, sondern eine Reihe von Orientierungsdaten für menschliches Leben: ein Orientierungsrahmen der Menschlichkeit. Wäre es anders, so wäre nicht zu verstehen, daß das Christentum durch alle Krisen hindurch immer wieder Menschen den Glauben abgewonnen hat, daß wir das Apostolikum immer noch sprechen.

Der Schluß des Glaubensbekenntnisses wirft uns noch einmal auf den Anfang zurück. Menschliches Leben, so haben wir zu Anfang festgestellt, kann ohne ein Grundvertrauen nicht geführt werden, ohne die Zuversicht auf einen guten Ausgang, auch wenn wir ihn selbst oft nicht schaffen können. Nur derjenige, der auf einen guten Ausgang zumindest hofft, kann überhaupt ein Werk richtig in Angriff nehmen; nur der hat genug Mut, alle Kräfte einzusetzen. Das gilt überall im menschlichen

Leben, ob wir eine Berufsausbildung beginnen, eine Ehe eingehen, ein Geschäft aufbauen oder Kinder aufziehen wollen. Gilt es aber auch für das menschliche Leben insgesamt? Kann man auch hier sagen: Ende gut, alles gut? Kann man vom guten Ausgang des Lebens auch angesichts des Todes sprechen? Gibt es »ewiges Leben«?

Hier entstehen, so wissen wir nicht zuletzt aus Umfragen, für viele Menschen heute große Schwierigkeiten. Die neuzeitliche Wissenschaft scheint uns immer stärker alle Wege zu verbauen, auf das ewige Leben zu hoffen, weil wir immer mehr Erkenntnisse über die Endlichkeit unseres Leibes und Lebens gewinnen. Deshalb versuchen manche Christen und Theologen heimlich oder öffentlich, den Glauben an Himmel und ewiges Leben behutsam vom übrigen Glauben zu lösen und den christlichen Glauben auf dieses irdische Leben zu beschränken. Ich meine, die Apostel und Kirchenväter haben hier deutlicher gesehen: »Hoffen wir allein in diesem Leben auf Christum, so sind wir die elendsten unter allen Menschen.« Denn diejenigen, die den christlichen Glauben vom Glauben an das ewige Leben lösen wollen, müssen, ob sie wollen oder nicht, den Himmel auf die Erde holen und an eine vollendete Zukunft der menschlichen Gesellschaft glauben. So haben manche Christen, vom Marxismus beeinflußt, den Himmel auf die Erde zu holen versucht. Das Ende davon ist freilich nicht Glaube, sondern Verzweiflung, wenn man sieht, daß die heile Welt sich offenbar nicht machen läßt, daß jeder Versuch, die heile Welt mit Gewalt zu erzwingen, Glaube und Freiheit und Menschlichkeit zugleich bedroht oder gar zerstört.

Dennoch: Die Frage nach dem ewigen Leben läßt uns nicht los. Das zeigt vor allem die erregte Diskussion angesichts neuer Erkenntnisse über das Sterben. Da wird zum Beispiel berichtet, daß Menschen, die klinisch tot waren, durch Intensivmedizin wieder ins Leben kamen und nun von Erlebnissen wunderbarer Erleuchtung und Freiheit erzählen, daß sie einen Ausblick wie aus einer Höhle auf ein weites, freies Land erlebten. Einige meinen, hier einen neuen Grund für den Glauben zu finden, andere bestreiten dies.

Gewiß ist es angebracht, hier mit dem Urteil vorsichtig zu sein. Eines zeigen diese Berichte aber deutlich: Der Mensch kann die Frage: Was wird mit mir? Was ist meine Bestimmung? auch angesichts des Todes nicht los werden. Überall im Leben kann man dieser Frage: Was ist meine Bestimmung? ausweichen, sie auf andere Menschen, bisweilen auf die Pfarrer abschieben, die es ja wissen müssen. Der Tod läßt sich nicht abschieben, er hat auf jeden Fall mit mir zu tun. Der Volksmund sagt: Einer muß daran glauben. Da wird deutlich: Auch wenn unsere kleine und endliche Vernunft das Geheimnis des Todes nicht lösen kann, wir können der Frage, die der Tod uns stellt, dennoch nicht ausweichen. Je nachdem, welche Antwort wir auf diese Frage geben, wird unser Leben sein: Glaube auch zuletzt – oder zuletzt Verzweiflung.

Ein neuzeitlicher christlicher Denker, Pascal, hat dies in dem merkwürdigen Bilde des Glücksspiels ausgedrückt: Entweder gibt es das ewige Leben zu gewinnen oder nicht. Er rechnet nun vier Möglichkeiten aus: Gibt es das ewige Leben, und du setzest darauf, dann hast du gewonnen. Gibt es das ewige Leben, und du setzest nicht darauf, dann wehe dir, du hast ewig verloren. Gibt es das ewige Leben nicht, und du setzest nicht darauf, so bleibt es sich gleich. Gibt es das ewige Leben nicht, und du setzest doch darauf, dann hast du jedenfalls ein gutes Leben in dieser Welt geführt. Aus dieser Rechnung schließt er, daß es dem Menschen jedenfalls heilsam ist, auf das ewige Leben zu setzen, auch wenn keine Vernunft es beweisen kann. Das klingt uns kühl, noch kühler klingt es bei Kant: Wenn moralisches Handeln wirklich sinnvoll sein soll, dann müssen wir ein ewiges Leben annehmen, weil in dieser endlichen Welt Anständigkeit und Tugend niemals ihren Lohn erhalten.

II. Zur Betrachtung

Vielleicht wird mancher sich über solche Gedanken empören und sagen: Solche Spiele der Vernunft sind doch dem Ernst des Todes nicht angemessen. Was helfen Wetten und Postulate, wenn ein Mensch angesichts des Todes verzweifelt, gerade weil sein Leben vielleicht nicht gelungen oder gar gescheitert ist? Solche Verzweiflung, vielleicht menschlicher als philosophische Schlüsse, hören wir in der Bibel, in den Psalmen und vor allem bei Hiob, der alles verloren hat und an tödlicher Krankheit dahinsiecht: Herr, wer gedenkt dein im Tode – allein die leben loben dich. Ist diese Kritik am ewigen Leben, gerade auch in der Bibel, nicht ehrlicher als die Postulate der Vernunft? Da geht es doch nicht nur um ein Problem der Vernunft, sondern um das praktische Leben, das verzweifelt angesichts seines Endes.

Gibt es eine Antwort auf diese Verzweiflung? Die Bibel sucht sie nicht in tiefsinnigen Theorien. Das zeigen die Freunde Hiobs, die ihn trösten wollen. Was hilft es Hiob, daß seine Freunde ihm kluge theologische Erklärungen vorhalten: daß es mit seinem Leben schon alles seine Richtigkeit hat? Damit wird Hiob nicht geholfen, und ihr allzu kluges Reden wird von Gott selbst am Ende verworfen. Aber gibt es dann überhaupt eine Antwort? Hiob findet sie, so zeigt die Bibel, allein in Gott selbst, als Gott sich ihm am Ende offenbart. Aber offenbart sich uns Gott auch so wie dem Hiob und wo?

Hier werden wir auf die seltsamen Worte des Paulus im 4. Kapitel des 2. Korintherbriefes verwiesen. Er vergleicht das Leben des Christen mit dem Leben Jesu Christi und findet dann merkwürdigerweise Jesu Sterben und Jesu Leben im Leben des Christen wieder. »Wir tragen allezeit das Sterben des Herrn Jesu an unserem Leibe, auf daß auch das Leben des Herrn Jesu an unserem Leibe offenbar werde.« Wie kommt es, daß er sagen kann: Wir haben allenthalben Trübsal, aber wir ängsten uns nicht; uns ist bange, aber wir verzagen nicht; wir werden unterdrückt, aber wir kommen nicht um? Was bedeutet diese merkwürdige Hoffnung? Sie macht auf einen eigentümlichen Umstand aufmerksam: Die Taten des Menschen bezeugen besser als unser Verstand, daß es mehr gibt als dieses irdische Leben. Für das ewige Leben, das Leben über den Tod hinaus, gibt es keinen Beweis durch die Vernunft. Es gibt einen Beweis nur durch die Tat. Wenn wir sagen: Ich glaube an das ewige Leben, dann bringen wir nur zum Sprechen, was jede Tat wirklicher menschlicher Liebe stumm und gleichsam verschlüsselt bezeugt. Denn Liebe bedeutet Opfer, einseitige Vorleistung, bei der wir auf Ausgleich nicht rechnen. Menschliches Leben gelingt überhaupt nur, weil es einseitige Vorleistungen gibt: von der Wiege, wo die Mutter den Säugling aufnimmt, bis zum Totenbett, wo uns einer einmal die Augen schließt und auf dem letzten Weg geleitet.

Daß wir einem anderen Menschen vertrauen, daß wir uns nach Streit versöhnen, das kann durch keine vernünftige Berechnung gerechtfertigt werden. Das bleibt immer eine Vorleistung auf Hoffnung hin. Wer vertraut, glaubt, liebt, der bezeugt eben durch seine Tat, daß dieses Leben nicht das letzte ist. Jesus von Nazareth ist in seinem Leben für die Verlorenen, für die Armen, Ausgestoßenen und Verzweifelten das gewaltige Bild und Unterpfand dafür. Wo uns diese einseitige Liebe Jesu erreicht, da erfahren wir Gott wie Hiob – nicht im Wettersturm, sondern in diesem Wort und in dieser Tat, die uns Gewißheit gibt, wo alle Vernunft endet, auch im Tode: »Wer mir will nachfolgen, der nehme sein Kreuz auf sich. Wer sein Leben gewinnen will, der wird's verlieren, und wer es verliert um meinetwillen, der wird's gewinnen.«

Weil wir diese Liebe, die mehr ist als alle Vernunft, alle erfahren können, darum vermögen wir sie selbst weiterzugeben. Eben darin haben wir im Tun eine Gewißheit: Das ewige Leben muß eine Wirklichkeit sein, wenn auch nur eine Tat selbstloser Liebe und Stellvertretung sinnvoll sein soll. Durch die Forschung wissen wir heute mehr über das Sterben und die Erfahrungen, die der Sterbende macht: Zorn und Widerstand, Depression und zuletzt Ergebung und Friede – vielleicht sogar jene wunderbaren Erfahrungen, von denen uns neuerdings berichtet wird. Der Streit darum, ob hier ein anderes Leben erfahren wird, ist gewiß töricht, weil keine menschliche Vernunft den Tod durchdringt. Dennoch sind diese Erfahrungen ein gewaltiges Zeichen für die Unbesieglichkeit der Hoffnung, die menschliches Leben überhaupt ermöglicht. Diese Hoffnung ist gegründet auf die Erfahrung: Du bist nicht allein gelassen.

»Wir tragen allezeit das Sterben des Herrn Jesu an unserem Leibe, auf daß auch das Leben des Herrn Jesu an unserem Leibe offenbar werde.« »Nichts kann uns scheiden von der Liebe Gottes in Christus.« Wer das weiß, der hat nicht nur im Glauben Gewißheit, sondern eine Menschlichkeit, die auch im Äußersten bleibt: »Darum werden wir nicht müde, sondern ob unser äußerlicher Mensch verdirbt, so wird doch der innerliche von Tag zu Tag erneuert.«

Hoffnung kann nicht mit vernünftigen Argumenten begründet werden. Aber Hoffnung vermag unsere Vernunft zu öffnen zum Tun der Liebe. Die reißt den einzelnen über sich hinaus, auch wo menschliches Rechnen am Ende ist. Denn sie bringt uns dem Gott entgegen, der das erste Wort über unser Leben war und der auch das letzte bleibt: »Fürchte dich nicht, ich habe dich erlöst, ich habe dich bei deinem Namen gerufen, du bist mein!« (Jesaja 43, 1).

III. Hinweise

1. Welche Gründe gibt es für mich, angesichts dieses Lebens auf das gute Ende zu vertrauen?

2. Habe ich Taten der Liebe erfahren, die auf Vergeltung und Ausgleich in diesem Leben niemals rechnen können?

3. Habe ich erfahren, wie menschliches Leben nur aus »einseitiger Vorleistung« gelingen kann? Wie deute ich diese Erfahrung?

Bibelstellenregister

Themenübersicht

Heinrich Ott · Das Reden vom Unsagbaren

Die Frage nach Gott in unserer Zeit
189 Seiten, kartoniert

»Der Basler Theologe Heinrich Ott stellt seine ›Frage nach Gott in unserer Zeit‹ unter den Titel ›Das Reden vom Unsagbaren‹. Zunächst ist auch für Ott theologisches Denken als Fragen zu verstehen; Theologie ›ist Rechenschaft von Erfahrungen, die wir mit dem Worte Gottes machen‹. Bei allem Unterwegssein der Theologie ist ihm aber wichtig, daß er die allgemeine Richtung kennt und weiß, wohin er steuert. Ott setzt voraus, daß diese unsagbare, nur in Symbolen oder im Gebet ausdrückbare Wirklichkeit mehr ist, als die Welt der Tatsachen und hält damit grundsätzlich die Wirklichkeit Gottes als des ganz Anderen offen. Wie Ott dies praktisch zu verantworten sucht, belegt er durch eingefügte Predigten, so daß der Leser sozusagen die Probe aufs Exempel machen kann. Im Ganzen sehe ich die Bedeutung dieses wichtigen Buches darin, daß es im Grundzug nicht behauptend, sondern dialogisch ist und das Gespräch an keiner Stelle abschließt.«

Christ in der Gegenwart

Dietrich Rössler · Vergewisserung

22 Beispiele christlicher Rede
157 Seiten, kartoniert

»Wer Gewißheit in den Grundfragen des Lebens sucht, wird erfahren, daß Glaubensgewißheit sich nicht ein für allemal gewinnen läßt. Sie muß ständig erneuert und erweitert werden. Die Vergewisserung über den Glauben hat ihren Grund am geschichtlichen Ursprung, an den Texten der Bibel. Hier nimmt die Glaubensgewißheit ihren Ausgang und zieht eine Spur durch die Geschichte, die für den einzelnen in seiner unverwechselbaren Lebensgeschichte mündet. Die Komposition des Buches ist sehr überzeugend, die – aus Predigten des Autors hervorgegangen – hoffen läßt, daß die Hoffnung des Glaubens zur Vergewisserung eines jeden führt.«

Weg und Wahrheit, Evangelisches Kirchenblatt für Hessen und Nassau

Kreuz Verlag Stuttgart · Berlin

Wolfgang Huber · Kirche

Bibliothek Themen der Theologie – Ergänzungsband
238 Seiten, gebunden mit Schutzumschlag

»Hubers Buch ist der gelungene Versuch, die soziale Erscheinungsform, die rechtliche Gestalt und das, was Kirche im theologischen Sinn auszeichnet, miteinander in der Darstellung zu verbinden. Es geht also um eine Theologie der ›wirklichen Kirche‹. Klar zeichnet er die Linien des Verständnisses der Kirche in ihrer Geschichte von den Anfängen im Neuen Testament an nach. Ebenso werden die Fragen der Kirche als Institution und der Grundrechte in der Kirche behandelt, sowie ihre Stellung in Staat und Gesellschaft. Ein Vorzug ist es, daß Huber Kirche nicht ohne ihre Einbindung in die weltweite Christenheit sehen kann. So schreibt er eine ›ökumenische Ekklesiologie‹. Allen im Provinzialismus der eigenen Kirche und engen Theologie Befangenen öffnet er behutsam, aber darum nicht weniger kräftig die Augen für den ökumenischen Horizont von Kirche. Von daher bekommen seine Aussagen über Basisgemeinden und Initiativgruppen sowie über kirchliche Föderation Gewicht und werden zu einer Ermutigung für den engagierten Leser.«

Deutsches Allgemeines Sonntagsblatt

Eduard Schweizer · Heiliger Geist

Bibliothek Themen der Theologie – Ergänzungsband
186 Seiten, gebunden mit Schutzumschlag

»Der Verfasser, durch seinen diesbezüglichen Artikel im Theologischen Wörterbuch als profunder Kenner auf diesem Gebiet ausgewiesen, legt nach einem kurzen Rückblick auf die kirchengeschichtliche Situation die biblische Grundlage dar. Nur jemand, der so tief in die Materie eingedrungen ist wie der Verfasser, kann über dieses gewichtige Thema so klar, knapp und verständlich reden, daß auch der Nichttheologe seinen Darlegungen mit Spannung folgen kann. Man kann dem Buch gerade in der heutigen Situation, in der die ›Aktion‹ fragwürdig geworden ist, gar nicht genug Leser wünschen.«

Kirchliches Amtsblatt der Evangelischen Kirche von Westfalen